고다 로한의 격차

일러두기

· 이 책은 1912년에 펴낸 고다 로한(幸田露伴)의 《노력론(努力論)》을 우리말로 옮긴 것이다.
· 이 책의 책명과 본문 제목은 원서와 달리 내용에 맞게 새롭게 구성했다.
· 본문 중 강조 및 구별해야 할 것은 홑따옴표(' ')를, 대화 또는 인용은 겹따옴표(" ")를 사용했으며,
  도서는 겹꺾쇠(《 》)를, 도서의 소제목은 홑꺾쇠(〈 〉)를 사용했다.
· 외래어 표기는 국립국어연구원에서 규정한 외래어표기법을 기준으로 삼았다.

고다 로한

의 격차

한 책의 운명은 저자보다 더 위대하다

태도가 차이를 만든다

고 다 로 한 의 격 차

1쇄 발행 2022년 2월 18일

지은이 고다 로한
옮긴이 여선미
펴낸이 이근미
펴낸곳 이다북스
기획 조일동

출판등록 제312-2013-000012호
주소 경기도 파주시 탄현면 오색나비길 42-17, 204호
전화 031-944-0554
팩스 031-944-0552
이메일 design_eda@naver.com
홈페이지 edabooks.co.kr
페이스북 edabooks
인스타그램 @edabooks

물류 신영북스
인쇄 재원프린팅
종이 영은페이퍼

ISBN 979-11-91625-31-8 03190

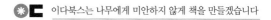이다북스는 나무에게 미안하지 않게 책을 만들겠습니다

들어가며

흔히 공들인 일이 기대와 다를 때 원망하거나 한탄하곤 합니다. 그러나 어떤 상황에서도 지레 포기하거나 성과를 미리 짐작해서는 안 됩니다. 결과가 좋지 않더라도 그 일에 임하는 마음가짐과 노력은 삶을 끊임없이 성장하게 하는 힘입니다.

　마음을 다지고 노력한 만큼 결과가 좋은 것은 아니라고 말하는 이들도 있습니다. 이 말은 일부는 맞고 일부는 틀립니다. 결과가 어떻게 될지 아무도 예측할 수 없습니다. 그렇다고 그 일을 마음에 두거나 애쓸 필요도 없다는 뜻은 아닙니다. 아무리 애써도 결과가 기대보다 모자랄 수 있습니다.

　마음가짐과 노력은 만능이 아닙니다. 하지만 만능이 아니라서 하고자 하는 일을 배척해야 할 이유는 되지 못합니다. 모든 행동을 이끄는 힘은 마음가짐과 노력에서 나오고, 그때 비로소 삶은 온전해집니다.

　애쓴 만큼 결과가 좋지 않을 수도 있습니다. 이는 방향이 어긋났거나 준비가 부족해서일 수도 있습니다. 그렇다고 결과에만 매달려 터무니없고 억지스러운 미신에 기댈 생각은 하지 마세요. 방향을 완전히 잘못 잡았습니다. '배나무에 배 열리지 감 안 열린다'라는 속담이 있듯이, 오이 덩굴에서 가지를 찾은들 가지가 나오지 않는 것은 당연한 이치입니다.

꾸준히 한다고 모든 일이 뜻대로 대로 이루어지는 것은 아니지만 노력과 의지 없이 잘되기를 바랄 수 없습니다. 어떤 것이라도 그에 힘을 들이고 땀을 흘리는 것만큼 절실한 것은 없습니다.

애쓰고 있다거나 노력하려 한다는 생각 자체를 완전히 지우세요. 자연스럽게 우러나야 합니다. 그것이야말로 삶을 풍요롭게 가꾸는 이치이자 참된 즐거움입니다. 의도하지 않아도 몸과 마음이 저절로 그 일에 힘을 기울이는 것이 진정한 삶입니다. 그때 비로소 이렇게 말하세요.

"다들 운을 탓할 때 나는 내가 흘린 땀과 시간의 가치를 믿었고, 지금 그 결실을 즐긴다."

"나는 내 삶을 삶답게 살고 있다."

그리고 이 말을 절대로 잊지 마세요.

"인생의 격차를 만드는 것은 운이 아니라 인생을 대하는 태도와 행동이다."

CONTENTS

3장 ● 당신이 부러워하는 삶의 진실

4장 ● 배움에 한계를 두지 마라

잘되는 사람과 남 탓하는 사람

정말 운이 없는 탓일까

·
·

　여러분의 인생은 여러분 자신의 것입니까? 아니면 알 수 없는 그 무엇에 좌우됩니까? 당연히 내 삶은 내가 하기 나름이라고 하겠지요. 그러면 여러분은 그렇게 자신하는 대로 살고 있습니까? 이 질문 안에 여러분의 삶이 있고, 삶의 격차가가 생깁니다.

　세상에 운명이라는 개념이 존재하지 않거나 실제로 존재한다면 삶은 어떨까요? 운명이 있고 없음에 따라 개인과 집단, 국가나 세계처럼 운명이라는 거대한 힘에 지배당하는 이들과 이를 지배하는 이들 사이의 관계는 전혀 달라질 것입니다.

　"나는 운명에 지배당하지 않으며, 내 운명을 지배하는 것은 오직 나 자신뿐"이라는 이들도 많습니다. 그들은 운명보다 의지를 외칩니다. "나아갈 길을 만드는 사람은 목숨을 구걸하지 않는다"라고도 합니다. 이 말은 절대적인 권력을 갖는 조물주처럼 스스로 자신의 운명을 창조하라는 뜻으로, 어떤 결과가 나오더라도 운명에 흔들리거나 한탄해서는 안 된다고 말이겠지요.

남다른 면모와 업적을 이룬 이들은 긍정적인 생각을 품고 있고, 그런 생각을 품는다면 그에 걸맞은 인물이 될 가능성 역시 충분하다는 사실을 보여줍니다.

타고난 운이 좋지 않다고 나약해지거나 그런 현실을 원망하며 남들에게 동정을 구하는 것은 어리석고 졸렬한 짓입니다. 영웅적인 기상이 충만하고 기개를 품은 이들은 운명을 개척하되 구걸하지 않았습니다. 그들은 누가 뭐라고 해도 자신만의 삶으로 남다른 삶을 일구었습니다.

그들은 보여줍니다. 모든 일은 이미 정해져 있으니 하는 말에 사로잡혀, 운명론에 빠지거나 그에 자신의 삶을 맡기는 짓은 절대로 하지 말라고.

운에 기대고 싶을 때

●
●
●

아직도 많은 이들이 타고난 생김새와 사주팔자, 혈액형 등에 의해 저마다 운명이 정해져 있다고 믿습니다. 그들 중에는 삶이 뜻대로 풀리지 않는 것은 나쁜 운을 타고났기 때문이라고 말하죠. 이보다 애처롭고 불쌍한 인생이 있을까요. 자신의 삶을 다른 대상이나 감정에 맡기는 것이야말로 나쁜 운을 불러오고, 행운과 더 멀어지게 할 뿐입니다.

이 자리에서 태어난 날짜나 생김새가 정말로 그 사람의 운명과 관련 있는지는 따지지 않겠습니다. 다만 그런 것에 골머리를 앓고 상처 입는 것만큼 어처구니없는 짓은 없습니다.

2,200여 년 전에 순자가 쓴 《순자》〈비상편〉에는 용모와 운명은 전혀 관련 없다고 쓰여 있습니다. 중국 후한 시대의

사상가 왕충의 《논형》 역시 태어난 생년월일과 운명을 관련
짓지 말라고 당부합니다.

이들 책에서 말하는 의견은 거짓이고, 용모와 태어난 생년
월일이 운명과 매우 밀접하다고 주장하는 이들도 있지요. 그
렇다면 왜 인습적인 성향이 강한 중국인들조차 운명은 이미
정해져 있다는 믿음에 굴복하지 않았고, 《순자》와 《논형》에
서처럼 이를 타파하고자 했을까요? 그때와는 상상도 하지 못
할 만큼 깨우치고 발전을 거듭한 지금, 운명이 모든 것을 결
정한다는 말에 고개를 끄덕이는 것을 보면 개탄스러울 뿐입
니다.

순자의 지적처럼 겉모습은 닮아도 성격이 전혀 다른 사람
도 있고, 왕충의 지적처럼 구덩이에 파묻혀 죽은 조나라의 병
졸 수십만 명의 생년월일이 모두 같은 것도 아닙니다. 이를
봐도 운명과 전혀 관계없습니다.

인간은 강하지만 나약한 존재입니다. 운명에 기대기는 쉬
워도 운명이 결정되어 있다는 말에 결연히 맞서기는 여간한
일이 아닙니다. 그것이 자연스러운 감정임을 부정하지는 않
겠습니다. 누구나 운명에 지배받기보다 운명을 지배하고 싶
으면서도 때로는 지친 삶을 운명에라도 기대고 싶으니까요.

이 갈림길에서 무엇을 버리고 챙겨야 할까요? 이에 대한 답은 오로지 여러분 자신이 알고 있습니다. 그렇습니다. 앞으로 나아가며 스스로 자신의 운명을 만들어 가는 것뿐입니다. 이것이야말로 남다른 나를 찾는 길이자 나를 돋보이게 하는 힘이며, 이때 비로소 운명이 아닌 내 인생을 살 수 있습니다.

운명 때문이라고 말하지 마라

.
.
.

삶은 수학 공식처럼 예측하고 계산할 수 있을까요? 1 더하기 1은 2이며, 3 곱하기 3은 9가 되듯 오늘의 행위가 당연히 내일의 결과로 이어져야 마땅합니다. 정말 그럴까요?

삶은 공식처럼 단순하지 않고, 세상의 모든 일은 복잡하고 어지럽습니다. 마음을 다지고 한 일이 그대로 좋은 결과로 이어진다고 단정할 수는 없을 만큼 삶은 여러 변수가 끼어들고, 세상은 분쟁과 싸움으로 뒤엉켜 있습니다. 그 때문에 어떤 이들은 운명을 의식하고, 보이지 않는 힘이 삶을 지배한다고 믿곤 합니다. 운명이라는 개념이 명확하지 않더라도 운명에 신비로운 힘이 있어서 삶을 좌우한다고 생각합니다.

누구나 살다 보면 다양한 위기에 처하지요. 그중에는 뜻하지 않게 행운과 기회를 얻어 부러움을 한 몸에 받는 사람이 있고, 열심히 했는데도 쓴맛을 맛보는 사람도 있습니다. 어떤 이들은 순풍에 배를 띄우지만, 하는 일마다 역풍에 흔들리는 이들도 있습니다. 그때마다 운명이 고개를 내밉니다. 거역할 수 없는 절대적인 권위인 양 "타고난 운명 때문"이라는 말이 절로 나옵니다.

정말 그럴까요? 세상을 있는 그대로 볼 수 있다면, 그동안 모르고 지나쳐 왔던 가장 중요한 핵심과 마주할 것입니다. 실제로 성공한 사람은 좋은 결과를 거둔 것은 자신의 의지와 지혜, 남다른 노력 덕분이라고 믿습니다. 반면에 거듭 실패하는 사람은 본인이 아닌 운명을 탓하고 그 때문에 곤경에 빠진 것이라며 한탄합니다.

이미 정해져 있다는 말

●
●

성공한 사람에게는 운명보다 그의 의지와 노력이 크게 보이고, 실패한 사람에게는 노력보다 운명의 힘이 크게 보이게 마련입니다.

이것은 중요한 사실을 알려줍니다. 양쪽 모두 절반씩은 진실이며, 양쪽의 견해를 모두 한데 모았을 때 비로소 하나의 진실이 보입니다. 삶에는 운명이라는 보이지 않는 힘도 존재하고, 의지와 노력이라는 개인의 힘도 포함되어 있지요. 다만 성공한 사람은 운명은 잊고, 실패한 사람은 의지와 노력을 잊을 뿐입니다.

두 농부가 강 옆으로 같은 면적의 밭에 똑같이 콩을 심었습니다. 그런데 수확을 눈앞에 두고 제방이 무너져 왼쪽 밭이

물에 잠기고 말았습니다. 다행히 오른쪽 밭은 무사했습니다. 이때 왼쪽 밭에 콩을 심은 농부는 하늘을 원망했고, 오른쪽 밭의 농부는 땀 흘려 수확한 것에 기뻐했습니다.

이는 상반된 것처럼 보이지만 거짓이 아니며 진실이라고도 할 수 없습니다. 왜 그럴까요? 두 농부의 처지가 다르다고 한쪽의 한탄과 다른 쪽의 기쁨 중 어느 것이 옳고 그르다고 말할 수 없습니다. 천운도 노력이 깃들어야 하고, 사람의 일도 하늘이 도와줄 때 비로소 힘을 발휘하므로 어느 하나를 옳고 그르다 할 수 없습니다.

왼쪽 밭의 농부는 사람의 힘이 아닌 운명을 탓했고, 오른쪽 밭의 농부는 운명 대신 그동안 흘린 땀을 이야기했습니다. 왼쪽 농부는 운명을 탓하느라 그동안 밭을 가꾼 시간을 잊었고, 오른쪽 농부는 다행히 불운에서 벗어났을 뿐입니다.

이처럼 노력과 운은 한쪽으로만 치우쳐 있거나 어느 하나를 버려야 다른 하나가 빛을 발하는 것이 아닙니다. 서로 맞물려야 비로소 빛을 발합니다.

깨닫지 못하는 사이에 이미 운은 우리 곁에 있었고, 늘 우리 주변에 맴돌고 있습니다. 그렇다면 그 이치를 깨달아 행운은 거머쥐고 불운은 오지 못하게 막고 싶을 것입니다. 이 당연한 욕망에 편승해 허황하고 달콤한 말로 현혹하는 것들에 단호해지고, 그 대신 이성과 지혜로 눈에 보이지 않는 곳까지 비추고 밝혀야 합니다.

그때 비로소 이성과 지혜는 깨닫게 합니다. 행운을 곁에 머물게 하는 가장 확실한 길은 다름 아닌 자신의 삶을 회피하지 않는 것, 자신의 진정한 능력을 알고 가꾸는 것임을.

길은 멀리 있지 않다

•
•

　운명은 시곗바늘과 같습니다. 1시가 지나면 2시가 되고, 2시가 지나면 3시가 오며, 그렇게 지나 저녁이 오고 하루가 저뭅니다. 그런 하루하루가 쌓여 한 달이 되고, 달들이 모여 계절이 바뀌지요. 그러는 동안 새로운 생명이 태어나고 젊은 날을 지나 생을 마무리합니다. 지구 역시 생성과 소멸을 반복합니다. 이것이 운명입니다.

　세계나 국가, 집단 및 개인이 체감하는 행운과 불행은 운명의 작은 파편에 지나지 않습니다. 그 작은 파편들에 개인적인 평가를 끼워 맞춘 것에 불과합니다. 그러나 이미 행운이라고 할 만한 것을 목격하고, 불운이라고 할 만한 것을 알게 된 이상, 누구나 행운은 끌어들이고 불운을 거부하고 싶겠지요.

만일 행운을 끌어들이는 끈이 존재한다면 저마다 가진 노력과 의지로 그 끈을 잡으려 애쓸 것입니다. 노력하는 삶에 불운이 깃들지 않기를 바라고, 그 자리에 행운을 이어 놓고 싶은 것은 누구나 마찬가지입니다.

성공한 사람과 실패하는 사람, 행복한 사람과 불행한 사람 중 누가 어떤 마법의 끈을 잡아 행복한 삶을 살고 삶이 질척거리는지 들여다보세요. 그것만으로도 가치 있는 교훈을 얻을 테니까요.

그러나 한 가지는 잊지 마세요. 행운이라는 끈을 붙들어 성공을 누린 사람의 손을 보았는지요? 그 끈을 붙잡은 손은 피범벅입니다. 반면에 불운에 지친 사람의 손은 부드럽고 윤기가 흐릅니다.

행운을 끌어들이는 사람은 늘 자신을 채찍질하고, 손에 피멍이 들어도 고통을 참고 견디며 그 끈을 잡아끌었고, 그 결과 남다른 성공을 누립니다. 우연히 붙잡은 행운이 아닙니다. 그들은 실패와 불명예를 비롯한 온갖 불운을 남에게 미루지 않습니다. 잘못된 원인을 남이 아닌 자신에게서 찾으며, 자신을 나무랄 뿐 다른 사람을 원망하거나 운을 탓하지 않습니다. 내 힘이 부족해서 좋은 결과를 내지 못했다는 사실에 안타까워하면서도 그래서 더욱 자신을 다독입니다.

이것은 성공한 사람이라고 부르는 사람들의 공통된 특징이자 남다른 행운을 불러들이는 비결입니다.

누구나 알면서도 여전히 놓치는 것

•
•

   자신의 실수를 인정하고 잘못을 바로잡는 것이야말로 자신의 결함을 보완하는 가장 확실하고 올바른 길입니다. 그것이 성공한 자신과 마주하는 지름길입니다. 더구나 남이 아닌 자신을 바로잡는 것만큼 다른 사람을 끌어들이는 확실한 방법은 없으며, 그보다 성공에 가깝게 다가가는 길은 없습니다. 이것은 분명한 사실입니다.

   앞에서 이야기한 농부들을 다시 살펴보세요. 만일 심었던 콩을 제때 수확했다면, 무너진 제방 쪽의 농부는 운명을 탓하기보다 제방이 무너지기 전에 미리 보수하지 못한 자신을 원망했을 테지요. 다음 해에는 지대가 높은 곳에 콩을 파종하고, 낮은 곳에는 수수를 심어야겠다고 계획할 것입니다. 이렇듯 손해를 입었을 때의 고통을 미리 헤아려 고치고 보완해 계획을 세운다면 행운은 반드시 찾아옵니다.

위인들의 업적과 그들의 삶을 들여다보세요. 그 안에서 그들은 결코 자신을 탓할 뿐 남을 원망하지 않았음을 깨닫습니다. 이와 달리 온갖 불행을 몰고 다니는 사람일수록 자신의 실수는 인정하지 않고, 남에게 책임을 떠넘기며, 늘 세상을 원망하기 일쑤라는 사실도 알아챕니다.

불운을 끌어들이는 사람은 항상 자신을 책망하기보다 남을 변명하고 핑계로 삼습니다. 손해를 보지 않을 적당한 선에서 타협하고, 손이 피멍이 들 정도로 일하지 않으며, 덧없고 추악한 불운의 신을 끌어들입니다. 그것이 그들에게는 가장 쉽고 편한 방편이자 변명거리입니다.

피부가 까지고 피멍도 든 손과 매끄러운 손은 운명의 장난이 아니라 자신의 선택입니다. 내 삶이 다른 대상을 지배하느냐 그것에 지배당하느냐에 따라 행운과 불행은 엇갈립니다. 이 둘은 노력과 운명의 가장 확실한 기준이며, 이 중 어느 쪽을 선택할지는 남이 아닌 여러분 자신의 몫입니다.

나서야 할 때가 언제인지 묻는다면

•
•

　그렇다면 언제 시작해야 할까요? 시작할 때를 명확하게 알려주는 가르침이나 조언은 없을까요? 하지만 제아무리 숭고하고, 장엄하며, 공명정대한 가르침이라도 깨달음을 얻으려는 사람이 당장 직면한 곤경에서 벗어나게 하지는 못합니다.

　가르치는 내용이 원대하더라도 듣는 사람은 자신의 막막한 현실 때문에 언제 시작해야 할지 감이 잡히지 않을 때가 많습니다. 가르침 자체가 막연해서 시작할 때를 알 수 없었던 것이 아니지요. 그 당시 그것을 이해할 수준이 아니었기 때문에 시작할 수 없었고, 시작할 마음가짐을 가지지 못한 채 배우려 했을 뿐입니다.

　진심으로 배우려는 사람에게 시작할 때를 짐작할 수 없는 가르침을 주는 것은 오히려 그 사람을 난처하게 합니다. 그런 상황에서 듣는 사람은 한 귀로 흘려듣게 마련이고, 조언을 들은 것은 틀림없지만 별 소득 없이 끝나는 경우도 많습니다.

그것은 듣는 사람은 물론 가르치거나 조언을 하는 사람 역시 자신이 바라던 바는 아니겠지요. 좋은 가르침과 조언이라도 자칫 일회성으로 끝날 수 있으므로 신중해야 합니다. 아무리 좋은 가르침도 한 귀로 듣고 한 귀로 흘려버릴 수도 있으니까요. 듣는 사람이나 가르치는 사람에게도 아직 시작할 때가 아니라는 신호일 뿐 가르침 자체를 문제 삼을 일은 아닙니다. 거창한 가르침이나 현실적인 조언이라도 시작할 때는 자신이 스스로 찾아야 하며, 지금이 그때인지 스스로 묻고 살펴야 합니다. 밭을 갈고 파종하고 김을 메우는 것도, 경영과 건축 기술을 배우는 것도, 그림을 그리고 악기를 익히는 것 역시 다르지 않습니다.

이 모두 시작할 때를 알고 행동으로 옮기지 않는 한 한 달이 지나고 일 년을 넘어도 절대로 배우고 익히지 못한다. 그렇게 해서 어떻게 그 분야에 발을 디디고 능숙하기를 바랄까요. 어떤 일이라도 시작할 때를 알고, 그때 비로소 그 일에 매진하면서 앞으로 나아가는 것이 맞지 않을까요.

그렇다면 시작할 때는 언제일까요? 배우는 사람의 자세와 마음가짐에 따라 달라지므로 어느 날이 그때라고 단정할 수는 없습니다. 하지만 이것만은 분명하게 말할 수 있습니다. 자신이 진정 바라고 원하는 것이 있다면 그것을 해야 하고, 그것을 해야 한다고 다짐하는 지금 이 순간보다 더 확실한 때는 없음을. 남에게 떠밀려서가 아니라 자신이 좋아하는 것을 하는 순간만큼 가장 즐겁고 행복한 때는 없다는 것을.

그 일을 하는 지금 이 순간이 가장 행복하다면 그것이 시작하기에 가장 좋을 때입니다. 그때 비로소 가르침과 조언도 제몫을 합니다. 여러분의 인생은 결코 남이 아닌 여러분 자신의 선택이자 여러분이 시작하는 길입니다. 삶의 격차는 남이 아니라 여러분 자신이 만듭니다.

차이를 만드는 것

현실을 변명하지 마라

●
●

　기대한 것은 틀어지고, 그럴수록 미래를 내다보는 일은 늘 고달프기만 합니까? 어제와 같은 자리에서 어제와 다르지 않은 시간과 마주하는 자신에 낙담하기 일쑤입니다. 이런 운명인가보다 싶기도 하겠지요. 그렇다고 삶을 함부로 내려놓지 마세요.

　세월에 머리가 있고 꼬리가 달린 것은 아니죠. 하지만 '덧없는 세상의 운명'이라는 말처럼 세월의 꼬리는 한 해의 마지막 날이고, 머리는 새해 첫날이 됩니다. 한 해의 마지막 날에는 지난 일 년을 되돌아보며 아쉬움 속에 정리하고, 하루가 지나 새해가 오면 남다른 계획을 세우는 것이 일반적입니다.

　계획한 대로 모든 일이 잘 풀리는 경우는 드물지만, 그러면서도 연말의 감회와 새해 첫날에 품는 희망은 누구나 마찬가지입니다. 연말이 되면 세월의 무상함에 젖고, 정신없이 지나간 시간이 새삼스러우며, 그토록 바라던 일이 차질을 빚어 이루어지지 않은 것을 원망하기도 하죠. 그러다 새해 첫날이 되면 언제 그랬냐는 듯 일출을 바라보며 희망을 품고, 올해야말로 하지 못했던 것을 이루겠다며 계획을 세웁니다.

세월에 머리와 꼬리가 있어야 할 이유가 없다고 말하는 사람은 없습니다. 연말에는 한해를 아쉬워하지만, 새해 첫날에는 새롭게 축복하는 것은 어른과 아이, 뛰어나고 평범한 사람이라도 갖는 감정입니다. 한 해의 아쉬움을 새해에는 되풀이하지 않기를 바라고, 새해 초에 품은 소망이 올 한해에는 반드시 이루어지길 바라는 마음을 누가 나무라겠습니까.

이런 감정은 해마다 반복합니다. 매해 새롭게 다짐하고, 아쉬워하기도 하며, 다시 오뚝이처럼 일어나 의지를 다집니다.

나를 멀리서 보면 헛웃음과 쓸쓸함이 절로 나옵니다. 풋내기 배우가 같은 무대에서 같은 연기를 해온 것 같아 헛웃음이 나오고, 그런 자신이 쓸쓸해지죠.

이런 반성은 앞날에 아무런 의미가 없습니다. 사소한 일에 얽매이지 말자 다짐했다고 당장 현실에서 벗어날 수 없지만,

같은 무대에 어제와 다르지 않은 배역이라도 그 안에 남다른 감정을 넣는 것이 최선입니다.

　그렇게 어느 날 새롭게 맡을 무대에서 지금까지와는 다른 배역으로 그동안의 답답함을 풀어내도록 지금 이 순간을 즐겨야 합니다. 이름 없는 풋내기 배우에 불과하지만, 누군가 그런 나를 비웃더라도, 자신을 뛰어난 배우로 떠받들어야 합니다.

능력이 모자라서가 아니다

•
•

풋내기 배우가 뛰어난 배우가 되려면 더 많은 연습과 연기 수업을 거쳐야 한다는 것은 누구나 알죠. 그 때문에 모든 사람이 새로운 나를 만들기 위해 애씁니다. 하지만 다짐과 달리 그에 이르기는 너무 힘들어 연말연시에 아쉬움과 희망을 되풀이합니다.

수많은 이들이 새로운 나를 만들려 했지만 실패했습니다. 그렇다고 당연히 그들처럼 된다는 법이 없고, 새로운 내가 만들어지지 않는다는 법도 없습니다. 현실에 절망해 주저앉은 이들도 있지만, 그들 곁에는 작년의 나와 다른 올해의 나를 만들고, 연말의 아쉬움 대신 기쁨의 노래를 부르기 위해 노력하는 사람이 있습니다.

새로운 나를 만드는 데 실패했더라도 그것은 능력이 모자라서가 아닙니다. 새로운 나를 만드는 길을 찾지 못한 채 시간을 허비한 탓이죠. 새로운 나를 만들려면 새로운 길을 찾고 방법을 구해야 했는데 이에 소홀해 새로운 나를 만들지 못했을 뿐입니다.

두 개의 같은 동전은 같은 가치를 갖습니다. 작년과 재작년에 비해 달라진 것이 없는 나라면 자신이 맞이할 운명 또한 당연히 같을 수밖에 없습니다. 새로운 나를 만들지 않는다면 새로운 운 또한 기대할 수 없습니다. 어제와 다르지 않으면 어제와 여전한 오늘이 되풀이될 수밖에 없습니다. 그와 같은 일이 반복되는 동안 삶은 느슨해진 시계태엽처럼 언젠가 멈추고 맙니다. 생기를 잃고, 행복해지는 상상조차 할 수 없는 상태에 놓입니다.

행복과 불행에 대한 집착을 버려야 한다는 것을 깨달았다면, 해마다 불만스럽고 아쉬움과 축복을 반복하고 있다면, 지금 이 순간 그런 현실과 작별하세요. 새로운 나를 만들고, 지금까지와 전혀 다른 운명을 개척하세요.

그렇다면 어떻게 해야 새롭게 변한 나와 마주할 수 있을까요? 이를 따지기 전에 무엇으로 나를 새롭게 만들까를 살펴야 합니다. 자신만의 타고난 힘으로 나를 새롭게 만들지, 아니면 다른 사람의 힘을 도움받아 나를 새롭게 만들지를 먼저 찾아야 합니다.

내일은 오늘과 달라야 한다

•
•

여기 바위가 있습니다. 이 바위는 긴 세월 동안 한 가지 모양과 성질로 똑같은 운명을 이어왔습니다. 이 바위에 새로운 운명을 부여하고 싶다면 어떻게 해야 할까요? 이 바위를 새로운 모양으로 조각하고 다듬으면 됩니다. 다른 힘을 이용해 울퉁불퉁한 표면을 다듬고 장식함으로써 이 바위는 건축용이나 장식용 도구로 새로운 생명을 얻습니다. 특히 조각가의 손을 거친다면 그 가치는 이전과는 전혀 달라지겠죠.

이것이 다른 사람의 힘을 빌려 새로운 자신을 만드는 것이라면, 스스로 새로운 운명을 개척하는 방법도 있습니다. 수년간 자격시험에 응시한 의대생을 살펴보세요. 그는 매년 시험에 떨어진 원인을 자신에게서 찾았습니다. 그래서 다음 해에는 이전까지와는 달리 공부에 미진해 시험에 합격했고 이후 꿈꾸던 병원도 개업했습니다. 그렇게 그는 남의 도움이 아닌 자신의 힘으로 자신의 인생을 새롭게 일구었습니다.

이 세상에는 남의 힘을 빌려 자신의 운명을 개척한 이들도 많습니다. 특히 더 많이 배우고 익힌 사람이나 사회적으로 존경받는 사람에게서 배우거나 그들을 따르는 것은 그들이 아닌 나 자신을 성장시키기 위한 일입니다. 그와 함께 발전하고 성장하면서 그가 가진 좋은 운을 나눠 가짐으로써 자신 역시 남다른 길이 열립니다. 이것은 수치스럽거나 혐오스러운 것이 아니라 당연하고 멋진 일입니다.

그만한 능력이 없는 사람이 어떤 집단이나 누군가와 몇 년 동안 어울려 지내는 사이에 의외의 능력을 발휘하는 경우를 봅니다. 옛 모습은 눈곱만큼도 찾아볼 수 없이 전혀 다른 사람으로, 그의 지난날을 알고 있던 사람들이 오히려 무안해지는 경우를 목격합니다. 어떤 집단이나 사람에게서 도움을 받는 순간부터 그와 닮은 새로운 자신을 창조하기 시작합니다.

다른 사람의 힘을 빌려 새로운 나를 만들 때 조심해야 할 점이 있습니다. 처음부터 그 사람의 일부였던 것처럼 행동하고 느껴야 합니다. 절대로 자신을 드러내거나 이득을 취하려

해서는 안 됩니다.

　다른 사람의 힘을 빌려 새로운 내가 되고 싶다면 어제의 나를 버려야 합니다. 새로운 나를 만들고 싶다면서 익숙한 습관을 버리지 않는 것은 모순입니다. 그것은 자신뿐만 아니라 서로 간에 헛수고만 반복합니다. 습관과 집착을 버릴 수 없다면 남에게 기댈 필요 없이 지금까지 해온 그대로 이어가는 편이 낫습니다.

내가 아니면 누가 나답게 할까

．
．

등나무는 억지로 휘게 할 수는 있지만, 화석은 휘어지는 자체가 불가능합니다. 세상에는 화석 같은 성향을 지닌 사람이 많습니다. 내가 화석 같은 성향이라면 다른 사람의 힘을 빌려도 그 효과를 기대하기는 힘들지요.

만일 등나무 같은 성향을 지녔다면, 자신보다 뛰어나고 존경할 만한 사람을 따르고 그와 더불어 자신의 운명을 찾아야 합니다. 이것은 결코 볼썽사나운 것이 아니라 오히려 자신의 운명을 지배하고 새로운 나로 거듭나는 현명한 선택입니다.

다른 사람의 힘으로 새로운 나를 만들려면 무엇보다 나를 그에게 던져 넣을 용기가 필요합니다. 어떤 일이 있어도 자신을 버릴 수 없다고 주장하는 사람도 있습니다. 그런 사람은 몹시 고단하고 힘들더라도 스스로 새로운 자신을 만들기에 애써야 합니다.

다른 사람의 도움을 받는 것은 혼자 자신을 개척하는 것보다 훨씬 수월한 방법입니다. 물론 그 역시 힘든 수행이죠. 새로운 나를 만들려는 것은 지금까지의 나 자신에게 만족하지 못했다는 방증이며, 새로운 나를 만드는 사람 역시 바로 나 자신이기 때문입니다.

이를 매도하고 우습게 여기는 사람이 있다면, 그것은 다리 힘만으로 하늘을 날겠다고 우기는 것과 다르지 않습니다. 그 때문에 많은 사람이 해마다 아쉬움과 축복을 반복하고, 새로운 자신을 만들기 위해 힘쓰지만 매년 같은 실수를 반복합니다. 그들에게는 이 말이 가장 잘 어울립니다.

"내가 하지 않는다면 도대체 누가 나를 새롭게 하는가."

바둑도 마찬가지입니다. 자신만의 독창적인 수만으로 실력이 강해지는 경우는 굉장히 드물죠. 훌륭한 기사에게서 배워야 빠르게 성장하듯, 자기 힘만으로 새로운 자신을 창조하는 경우보다 남의 가르침과 도움을 받아 성장하는 사람이 세상에는 훨씬 더 많습니다.

스스로 새로운 자신을 만들려는 사람을 무시하지는 않겠습니다. 그것은 험난한 여정이지만, 그 경험은 무엇보다 값지고 훌륭합니다. 강들이 모여 마침내 바다를 이루듯 본래의 목표를 잃지 않고, 거듭된 실패에도 다시 일어나 도전한다면 그 경험은 틀림없이 득이 되어 돌아옵니다.

혼자 크는 나무는 없다

●
●

　나를 새롭게 만든다는 것은 이상을 실현하려는 노력입니다. 그 노력은 개인만을 위한 것은 아닙니다. 개인들의 노력이 쌓여 세상이 발전했고, 그 결과 모두가 온전히 살고 있습니다. 새로운 자신을 만들려는 이들의 노력을 귀하게 여겨야 마땅합니다.

　새롭게 다시 태어나고자 노력하는 사람이 줄어든다는 것은 집단이나 사회가 늙고 있다는 뜻입니다. 현실에 만족한다는 것은 더 이상의 발전은 기대할 수 없음을 의미하죠. 현실에 안주하지 않는 자세, 미래에 대한 열망, 스스로 새롭게 태어나려는 강렬한 의지와 노력이야말로 살아야 할 유일한 이유이며, 이것이야말로 삶을 살아가는 원칙입니다.

다른 대상이나 남의 힘을 빌려 새로운 나를 만들 때, 나에 대한 신뢰와 믿음은 절실합니다. 그들의 힘을 빌리지 않았다면 새로운 나를 만들 때까지 부단한 노력이 필요했겠지만, 자기 자신에 대한 믿음과 노력이 없었다면 시작부터 불가능했습니다. 다른 이들의 힘을 발판으로 삼아 스스로 노력했기 때문에 얻은 결과입니다.

자신의 힘으로 새로운 자신을 만들 때도 마찬가지입니다. 자신을 객관적으로 들여다보고 반성하는 것은 자신을 일깨운 대상이 있었기 때문입니다. 새로운 나를 만든 것은 온전히 자신의 힘만이 아니라 다른 사람의 도움이 있었기에 가능했습니다.

자신과 다른 사람의 힘을 구별하기는 상당히 어렵습니다. 흔히 다른 대상이나 사람의 힘에 의지하는 것을 상대방이 가는 대로 따라가는 것으로 착각합니다. 하지만 그들은 잊고 있습니다. 남의 힘에 의지하더라도 자신이 새로워지는 데 필요한 방법을 찾는 사람은 자기 자신이라는 것을.

문제를 알면 길이 열리듯

•
•
•

"그동안 내가 걸어온 길을 돌아보면, 내가 세운 목표를 생각하거나 내 운명을 크게 거역한 적이 없다. 이미 지나간 일을 아쉬워한다고 달라질 건 없다. 따라서 스스로 정한 목표를 이루고, 새로운 내가 되기 위해 더욱 노력하겠다."

많은 사람이 이렇게 다짐합니다. 그들 중에는 자신의 힘으로 새로운 자신을 만들기 위해 노력하기보다 운명이 해결해 주리라 여깁니다.

누구나 무언가를 새롭게 시도할 때 실수하거나 실패하지 않기를 바라죠. 이때 무엇을 먼저 해야 할까요?

지금 눈앞에 잡초로 무성한 밭이 있습니다. 그 밭에 품질 좋은 채소를 심기로 마음먹었다면, 무엇을 먼저 할까요? 당연히 잡초부터 뽑겠죠. 이것이야말로 새로 시작하는 행동입니다. 잡초를 제거하고, 밭을 고르고, 그 밭에 씨를 뿌리며, 거름을 주면 수확할 시기가 옵니다. 잡초만 무성하던 이전과는 전혀 다른 운명을 수확합니다. 새것이어야 새롭게 만들어진다는 낡은 생각을 버렸기 때문에 잡초를 뽑고, 씨를 뿌리며, 채소가 다 자랄 때까지 기다릴 수 있습니다.

낡고 오래된 것은 적입니다. 살면서 생긴 것이더라도 오래된 것은 적입니다. 잡초를 뽑지 않으면 파종할 수 없듯, 새롭게 태어나려 마음먹었다면 지금까지 해온 행동과 생각은 모두 버려야 합니다. 지금까지의 습관이나 가치관처럼 버리기 어려운 것들도 버려야 합니다.

물론 미련이 남아 쉽게 버릴 수 없고, 버리기 아까워 핑계를 둘러댑니다. 하지만 흔들리는 이를 빼기 두려워해서는 새로운 이가 돋아나지 못하고, 잡초를 뽑아내지 않으면 벼에 이삭이 달리지 않듯, 어제의 나를 버려야 합니다. 무엇을 뽑고 버려야 할지는 저마다 다르겠지만, 그것은 누구보다 자기 자신이 잘 알고 있습니다.

몸이 좋지 않은 사람이 건강을 되찾으려면 건강을 해치는 것을 끊어야 하듯 버려야 할 것은 버려야 합니다. 버리기로 마음먹었다면 그동안 자신의 몸을 해롭게 한 것들을 꼼꼼히 살펴야 합니다. 혹시 두드러지게 피곤하다면 원인을 찾고, 썩은 부위가 있다면 그 부분을 도려내야 합니다. 그래야 비로소 새로운 나를 만들 수 있습니다.

보이지 않고 더디겠지만

•
•

식탐 때문에 위장병을 앓는 사람이 있습니다. 그가 위장병이 낫고 싶다면 먹는 것부터 줄여야 합니다. 식탐 때문에 변명이나 핑계를 찾거나, 식탐이 있어도 운동만 하면 괜찮다며 합리화해서는 아무것도 얻을 수 없죠. 잡초를 뽑지 않아도 비료만 많이 주면 채소가 잘 자라리라는 생각은 아무리 그럴듯해도 옳지 않습니다.

어제와 같은 행동은 어제와 같은 상태로 귀결될 뿐입니다. 이전과 다른 삶을 살고 싶다면 지금까지 해온 잘못된 습관을 바꿔야 하고, 어제와 다른 오늘을 만나고 싶다면 어제와 전혀 다른 행동을 시작해야 합니다.

식탐으로 위에 병이 생기고, 약으로 병을 고치고, 또다시 식탐으로 앓는 과정을 끊지 못한 채 여전히 한탄하는 사람이 의외로 많습니다. 어제의 나만 버리면 내일의 내게 위장병은 없습니다. 식탐과 위장약을 끊지 못하는 것은 잡초에 비료만 주면 된다는 것처럼 어리석은 짓입니다.

위장병에 시달리는 이들을 보면 대부분 음식에 집착하거나, 폭식하거나, 간식만 찾거나, 시도 때도 없이 술을 마시는 경우가 대부분입니다. 자신이 병의 원인이죠. 그런데도 그런 자신을 변명하기에 바쁩니다. 그것은 잡초를 뽑지 않아도 비료만 많이 주면 채소의 생육에는 전혀 지장 없다고 주장하는 것과 다르지 않습니다.

언제까지 과거에 머물 것입니까?

언제까지 지나간 시간만 탓할 것입니까?

언제까지 변명거리를 찾을 것입니까?

스스로 새로운 삶을 살고 그런 자신을 만들고자 한다면 어제의 내게 영혼을 팔아서는 안 됩니다. 사악한 어제의 나를 버려야 합니다. 무엇을 시작하더라도 건강을 최우선으로 생각하고 행동하지 않으면 모든 것이 한순간에 무너집니다. 예전에 건강하지 못했다면 분발해서 나쁜 습관을 서둘러 찾아내 제거해야만 합니다.

유전적으로 허약한 체질을 타고난 사람도 자신의 타고난 체질을 인정하고 개선하려 노력한다면 건강한 몸으로 새롭게 태어날 수 있습니다.

변화는 내 안에서 열리는 중

●
●

　건강하지 못한 사람이 쓸데없이 위생에 집착하고 마음을 쓰는 것은 잘못된 행동입니다. 치약과 비누 같은 사소한 것에 신경을 쓰거나, 효과를 알 수 없는 것을 특효약이라도 되는 듯 복용하는 것으로 몸을 망치기보다 술과 담배를 끊고 규칙적으로 생활하는 것이 훨씬 더 건강에 좋습니다.

　몸이 허약해 여러 가지 불이익을 받아왔다고 생각한다면 반드시 건강을 회복하는 데 전념해야 합니다. 진심으로 새로운 나로 태어나고 싶다면 자신을 함부로 내버려두었던 어제까지의 자신과 결별해야 합니다.

　어제와 마찬가지로 자신의 몸을 돌보지 않은 채 함부로 다루면서 지금까지와는 다른 내일을 기대하고 욕심내는 것은 어처구니없는 일입니다. 평소 위장병을 달고 다니면서 간식을 즐겼다면 간식을 끊어야 합니다. 폭음을 자주 했다면 술병과 작별하고, 혐오스러운 음식을 즐겨 먹는 습관이 있다면 더는 그런 음식을 가까이하지 말아야 합니다. 온종일 소파에서 빈둥거렸다면 당장 자리에서 일어나 운동하러 나가야 합니다. 습관적으로 커피를 많이 마셨다면 당장 찻잔을 내던지고, 담배를 입에 달고 살았다면 가지고 있는 담뱃갑을 쓰레기통에 버려야 합니다.

생활환경을 새롭게 바꾸는 것만으로도 몸 상태는 전혀 달라집니다. 물론 급격한 변화로 인해 당장은 육체적으로나 심적으로 고통스럽겠지요. 하지만 그것은 새롭게 바뀌기 위한 통과의례이며, 묵은 때를 벗기 위해 거쳐야 할 과정입니다. 이를 버리지 못한다면 창백한 얼굴로, 여전히 위장병에 시달리며 살면 그만입니다.

오른쪽으로 갈 수 없다면 왼쪽으로 가고, 왼쪽으로 갈 수 없다면 오른쪽으로 가서라도 지금까지의 잘못된 습관에서 벗어나야 합니다. 의사의 처방대로 생활습관을 고쳤음에도 위장병이 낫지 않는다면 그것은 이미 활력 소모가 상당히 진행되었기 때문입니다. 사람들은 대부분 활력이 소모되어 병이 낫지 않는 것이 아니라 생활습관을 바꾸지 않기 위해, 어제까지의 습관에 미련을 버리지 못해 어제와 똑같은 운명으로 고생합니다.

시간에 떼밀리지 않기 위하여

　•
　•

　낡은 운명에 사로잡히기 싫다면 낡은 습관을 바꾸는 길밖에 없습니다. 이것은 위장병만의 문제가 아닙니다. 온갖 질병이 쉽게 걸리는 체력으로 인해 고통받는 사람이 있고, 자극적인 음식을 섭취하거나 정신적인 불안으로 원망, 근심, 두려움, 의심이 이어져 괴로워하는 사람도 있습니다. 계속되는 업무로 시력이 손상된 사람도 있지요. 심지어 매운 음식을 즐겨 먹다가 치질에 걸려 고생하는 때도 있습니다. 늘 앉아 업무를 하다 보니 만성적으로 운동 부족으로 근육 힘이 약해지면서 기운이 떨어지기도 합니다. 어떤 이들은 유전적인 이유로 허약한 체질이라 약을 곁에 두기도 합니다.

　지금의 자신이 불만스럽다면, 그것이 어떤 이유더라도 그런 자신을 탓하기보다 현재 자신의 상태를 들여다봐야 합니다. 그런데도 그런 현실에 미련이 남아, 술이 내 몸을 망치고 있음을 알면서도 여전히 술에 취해 인생을 허비합니다.

이런저런 핑계를 대며 자신을 변호하기에 바쁩니다. 물론 그 결과가 이전보다 좋기를 바라는 마음은 누구나 같을 테지만, 그렇다고 그런 현실을 순순히 받아들이면 결국 아무것도 바뀔 수 없습니다.

자신을 새롭게 바꾸려는 결심이 섰다면, 고통을 참지 못하고 건강하지 못했던 지금까지의 낡은 습관과 싸워야 하고, 그 싸움을 이겨내야 합니다.

몸이 허약하다고 해서 건강하지 말라는 법은 없습니다. 몸이 약해도 의지가 강하다면 어떤 일이라도 해낼 수 있습니다. 몸을 허약하게 하는 원인을 알고 있으면서도 그것을 고칠 의지가 약한 사람은 안타깝지만, 체력은 물론 자신을 새롭게 변화시키기 어렵습니다. 예전과 같은 상태에서 벗어날 수도 없습니다. 그 누구도 아닌 내 인생이라면 내 인생을 결코 소홀히 다루지 말아야 합니다. 인생은 절대 짧지 않습니다. 더구나 삶의 격차를 만드는 것은 남이 아니라 여러분 자신입니다.

당신이 부러워하는 삶의 진실

차이는 어디에서 비롯하는가

●
●

　분투는 가상의 적에게 사용하는 것이고, 노력은 대상이 있고 없음에 관계없이 목표에 이르기 위해 최선을 다한다는 뜻이죠. 그런 의미에서 노력은 분투의 감정적인 뜻보다 훨씬 숭고하고 공정하며 사람됨의 참모습을 보여줍니다. 인류의 모든 문명은 남다른 의지와 노력에서 시작해 싹을 틔웠고, 가지를 내렸으며, 잎이 돋아, 꽃을 피웠습니다.

　좋아하는 것은 노력과 상반됩니다. 노력은 목적을 위해 하고 싶지 않은 일도 참고 견디며 감내하는 것을 뜻하지만, 좋아한다는 것은 괴로움이나 싫다는 감정이 없죠. 의지와 감정이 마치 평행선처럼 함께 작동하지 않습니다. 노력은 의지와 감정이 서로 반대되거나 어긋날 때도 의식적으로 감정에 휩

쓸리지 않도록 합니다.

어떤 일을 할 때, 자신도 모르게 그 일에 전력을 다하고 있다면 그것은 노력이라기보다 즐긴다는 표현이 어울립니다.

그렇다면 문명은 인류의 노력에서 비롯했을까요? 아니면 좋아하는 감정에서 우러나왔을까요?

위대한 발견이나 발명품이 어느 때는 노력에서 비롯된 것처럼 보이고, 또 어느 때는 좋아하고 즐기다 보니 우연히 떠오르고 눈에 띈 것처럼 여겨지기도 합니다. 세계의 문명은 각 시대의 우수한 사람들이 피땀 흘리며 노력한 결과물이 후대에 전해진 것으로 보일 때도 있고, 좋아하고 즐겼기 때문에 얻어진 결과라고 느껴질 때도 있습니다. 이는 개인마다 그것을 관찰하고, 해석하고, 비평하는 방법이 달라 어느 쪽으로도 해석할 수 있습니다.

그러나 좋아하는 마음에서 시작되었더라도 남다른 열정과 노력이 동반되지 않는 한 그 일은 진척되지 않으며 금방 좌절하고 맙니다. 좌절하지 않고 끝까지 해냈더라도 위대한 결과를 기대하기는 어렵습니다.

프랑스 도자기 역사에서 가장 중요한 인물인 베르나르 팔리시의 도기 제조나 콜럼버스의 신대륙 발견도 마찬가지입니다. 아무리 자신이 좋아하는 일이라 해도 노력이 깃들지 않으면 업적을 남길 수 없습니다.

우리가 찾아야 할 것

•
•

　재산이 차고 넘치는 사람이 취미로 원예업을 시작했다고
해서 그에게 힘든 순간이 전혀 없었을까요? 혹한기나 혹서기
에도 쉬지 못하고, 병충해와 그에 관련된 잡다한 치료, 밤낮
없이 이어지는 세밀한 관찰, 불규칙한 노동시간 등과 같은 다
양한 상황에서, 좋아한다는 이유만으로 버틸 사람은 많지 않
죠. 다시 말해 힘든 일이 생겼을 때 자신의 감정에 휩쓸리지
않고 오로지 목적을 달성하기 위해 달려가는 노력이 수반되
어야 합니다.

　여행하다 보면 거센 눈보라와 가파르고 험난한 언덕길에
난항을 겪기도 하고, 꼬불꼬불한 산길에서 이끼에 미끄러져
넘어지는 등 곤혹스러운 상황들에 놓입니다.

그 고난을 참고 이겨냈을 때 목적지에 도달하는 것처럼 인생 역시 그렇습니다. 봄바람이 부는 따뜻한 날에, 평탄하고 널찍한 길을, 차를 타고 여행하는 것이라면 노력 따위는 필요 없을 것입니다. 하지만 잘 짜인 계획이라도 여행은 생각처럼 순탄하지 않듯, 재물이 많고 지위가 높아도 험난한 고난과 고통을 겪는 것은 피할 길이 없습니다.

아무리 그것을 좋아하고 재능을 타고나도 처음부터 끝까지 좋은 감정만으로 그 일을 해내기는 불가능합니다. 더구나 온갖 장애와 실패가 뒤따르는 것은 어쩔 도리가 없는 현실입니다. 그런데도 그것을 무릅쓰고 나아가려 할 때, 그것을 이루는 최선은 자신의 의지와 노력에 기대를 거는 것 외에는 없습니다. 남다른 열정과 행동만이 가장 큰 힘입니다.

성인으로 추앙받는 소크라테스와 공자, 나폴레옹과 알렉산더로 대표되는 영웅, 뉴턴과 코페르니쿠스를 비롯한 역사적인 과학자들도 모두 남다른 열정과 노력으로 그 분야에서 영예를 얻었고, 최선을 다했기 때문에 그 자리에 올라섰다는 사실은 잘 알려져 있습니다. 다빈치와 고흐의 작품 역시 순간의 영감이 아니라 작품들 속에 숨어 있는 땀을 읽어야 합니다. 그들도 노력을 게을리하지 않았는데, 하물며 재능이 없고 덕이 부족한 보통 사람들은 어떨까요.

물론 별로 노력한 것 같지도 않은데 때를 잘 만나거나 운이 좋아 성공한 것처럼 보이는 이들도 있습니다. 벼룩시장에서 값싸게 산 그림이 알고 보니 거장의 숨어 있던 작품일 때도 있죠. 길을 잃은 깊은 산속에서 우연히 산삼을 발견하기도 합니다. 이것은 우연한 행운입니다. 하지만 그조차 그림에 대한 지식과 안목이 있어야 만나고, 아무리 귀한 것도 그것의 가치를 익혀야 알 수 있습니다. 더구나 좋은 말을 타고 달려도 눈이 오는 날은 춥고, 차를 타고 가도 포장되지 않은 거친 노면에서는 고생합니다.

재능이 뛰어난 사람도 시작과 끝이 편하고 좋은 상황만 이어질 수는 없습니다. 더구나 천리를 달리는 준마는 늙은 말보다 이동 폭이 넓고, 뛰어난 인재는 보통 사람들보다 세상을 많이 여행하면서 보통 사람들이 도달할 수 없는 곳까지 다가가려고 노력합니다. 그 때문에 그들은 보통 사람이 외면하거나 하지 못한 수많은 불쾌함, 불안감, 장애물, 좌절감을 경험하고, 그와 같은 경험과 노력이 쌓이면서 보통 사람을 뛰어넘습니다.

그런 그들의 의지와 노력이 있었기에 문명이 발전했다는

사실을 깨닫습니다. 특히 발명가들, 기존의 시각을 뒤바꾼 사람들, 우리가 잊고 있던 진리를 건져 올린 이들은 타고난 재능도 있었겠지만 남다른 노력으로 일생을 쌓아 올렸다고 해도 지나치지 않습니다.

그들은 천재가 아니다

●
●

    역사적인 인물들은 하나같이 노력 없이 단번에 깨우치거나, 선천적으로 지혜와 용맹함이 대단했고, 무슨 일이든 손쉽게 해결하는 것처럼 보입니다. 그러나 이는 그 기록들이 진실이 아님을 증명하는 것이나 다르지 않습니다.

    천재적인 재능을 갖고 태어난 사람이 손쉽게 무언가를 얻었다 칩시다. 그 천재는 어떻게 만들어졌을까요? 조상들의 노력이 쌓이고 쌓여 이루어졌습니다. 노력이라는 유전자가 세월을 더해 어느 세대에 이르러 탄생한 것입니다. 천재라고 하면 노력과 관계없이 얻은 지식과 재능을 일컫지만, 표면적인 시각에 불과하죠. 흔히 말하는 타고난 천재는 선조들의 노력이 축적되어 이룬 결과라고 보는 것이 마땅합니다.

만년청은 아름다운 무늬와 희귀한 형태의 외떡잎식물로, 백합과에 속하는 상록 여러해살이풀입니다. 특히 동양에서는 집 안의 화분 등에 관엽식물로 널리 심고 있죠.

만년청 중 일부 품종은 구하기가 쉽지 않아 수집가들은 가치를 높이 매깁니다. 어느 날 불쑥 등장해 세상을 놀라게 하는 천재를 보는 듯합니다. 그런데 그 품종의 생장을 살펴보면 우연히 생긴 것이 아니라 유전적인 요소 중에서 희귀한 성질이 발현된 것임을 알게 됩니다. 풀과 나무가 그렇다면 희귀하고 고귀한 것이 갑자기 생겨날 리는 만무합니다.

시각장애인의 손가락 감각은 지폐가 진짜인지 가짜인지 식별할 수 있을 정도로 민감합니다. 그것은 우연히 얻어진 것은 아닙니다. 앞이 보이지 않기 때문에 겪을 수밖에 없는 불편함을 채우기 위한 노력이 손끝의 신경세포를 예민하고 치밀하게 했습니다. 감각이 예민하기 때문이 아니라 노력을 거듭한 결과 신경 분포도가 치밀해져 민감한 감각을 갖춘 거죠. 기능이 탁월한 것이 아니라 기질을 변화시켰기 때문에 남다른 능력을 지닌 것입니다.

재능이 특출하다고 해서 갑자기 그 재능이 튀어나온 것이 아니라 우수한 기질의 유전, 즉 부단한 노력이 쌓이고 쌓인 결과이며, 그는 그 결과물의 상속자라고 해야 옳습니다.

이 말이 자칫 영웅과 성현들의 업적을 그들의 조상 덕으로 돌리는 것처럼 비치나요? 절대 그렇지 않습니다. 변함없는 의지와 의지를 현실로 만드는 노력은 인생에서 가장 크고 훌륭하며 고귀한 것으로, 그들의 꺾이지 않는 의지와 부단한 노력이 있었기에 빛을 발했습니다.

야만인이 계산에 어두운 것은 셈하기 위한 노력이 쌓이지 않았기 때문입니다. 이는 산수도 약한 사람이 갑자기 고등수학 문제를 풀 수 없듯이 노력 없이는 높은 단계에 도달하기 어렵다는 사실을 증명합니다.

의지와 노력 없이 무언가를 얻길 바라지만 그것은 잘못된 생각입니다. 의지와 노력 없이 다른 무엇도 미래를 밝힐 수 없고, 다른 무엇도 과거를 아름답게 하지 못합니다. 의지와 노력은 얼마나 충실한 삶을 살았는지 보여주는 척도이자 개인의 발전이며, 앞으로 나아갈 기준입니다.

가야 할 곳은 어디인가

　·
　·

　누구나 늘 무언가를 품고 살아갑니다. 아무 의미 없이 살
수도 있지만, 이를 온전한 삶이라고 할 수 없습니다. 무언가
를 품고 산다면 그것이 좋은 것이길 바라는 마음은 누구나 마
찬가지입니다. 그렇다면 무엇을 마음에 품어야 할까요? 그것
은 뜻을 세우는 것입니다.

　뜻을 세운다는 것은 나아갈 방향을 정한다는 의미로, 목표
를 마음에 품고 결심하는 것을 뜻합니다. 그러므로 항상 좋은
생각과 감정을 갖는 것이 무엇보다 중요합니다. 뜻을 세우려
면 결심하기 전에 먼저 목표를 세워야 합니다. 목표가 있어야
나아갈 방향이 보이고, 그래야 비로소 가고자 하는 마음이 바
로 섭니다.

뜻을 세울 때 목표는 어디에 두어야 할까요? 세상 사람들이 모두 같은 뜻을 품고 살 수 없으며, 따라서 목표는 각자의 의지와 개성에 따라 스스로 정해야 합니다.

남들이 부러워하는 자리에 올라 업적을 세우고, 남다른 신앙심으로 세상에 은혜를 베풀거나, 학문과 예술혼을 불태워 세상을 풍요롭게 하는 것은 저마다 분야는 달라도 누구나 기대하는 뜻이자 목표입니다. 그러나 모두가 그럴 수는 없습니다. 그만한 자리에 오르는 것도 힘들고, 굳이 그 자리에 올라야 하는 것도 아니죠. 방향은 개인마다 다르고, 어떤 인생을 개척해 나아갈지 역시 가지각색입니다.

최고의 위치를 목표로 삼고 뜻을 세웠다고 해도 어떤 분야에서는 적당히 하고 다른 분야에는 최선을 다합니다. 왜 그럴까요? 행복에 대한 그 사람만의 기준과 성격이 그 뜻과 어울리지 않기 때문입니다. 따라서 특출한 재능을 가진 사람의 경우를 빗대어 평범한 사람에게 그처럼 되라고 떼밀 수는 없습니다.

어떤 미술가는 세상에 두 번 다시 없을 거장이 되고 싶어하고, 어느 정도 주목받는 것으로 만족하는 사람도 있으며, 그리는 것만으로도 행복에 겨운 사람도 있습니다. 그리는 일이 경제적으로 도움이 되는 정도만 되어도 그것으로 만족하는 사람도 있지요. 사람의 키가 제각기 다르듯 소망의 크기도 모두 같을 수 없습니다.

사소한 일도 가볍지 않다

•
•

　천성적으로 겸손한 사람이 자신이 원하던 것보다 더 큰 성공을 거두기도 하고, 주목받는 신예로 등장했으나 어느새 사람들의 기억에서 지워지는 이들도 있습니다.

　"관우와 장비에 견줄 수만 있어도 여한이 없다."

　중국 남송 시대의 무장인 악비는 입버릇처럼 말했습니다. 그는 자신이 삼국시대 촉한의 무장인 관우, 장비와 어깨를 나란히 할 수만 있어도 만족한다고 했습니다. 그가 쌓은 업적은 관우와 장비보다 뛰어났는데도 자신이 그들과 비교되는 것을 부끄러워했죠. 삼국시대의 지략가 제갈공명은 관중과 악의를 자신의 이상이자 목표로 삼았는데, 그의 인품과 업적은 그들과 견줘도 모자라지 않습니다.

이처럼 겸손의 미덕을 갖춘 사람은 어디서나 돋보이지만 그런 사람은 드물고 예외적입니다. 대부분은 백을 얻기 위해 노력하지만 열만 얻는 데 그치고, 열을 얻으려 애썼으나 그 절반에도 이르지 못하고 끝납니다. 그것은 뜻을 세우기보다 오지 않은 결과에만 취했기 때문입니다. 큰 뜻과 소망을 품어도 희미한 추억으로 남을 가능성도 무시할 수 없는데 당장이라도 그것을 이룬 듯 행동한 탓이죠.

　악비와 제갈공명은 어느 날 갑자기 관우와 장비, 관중과 악의와 같은 자리에 오르지 않았습니다. 그들이 꿈꾼 관우와 장비, 관중과 악의 역시 하루아침에 역사적인 인물로 등장한 것이 아닙니다. 그들이 그 자리에 오른 것은 그 뜻을 잊지 않았고, 그것을 늘 실천해왔기 때문입니다. 큰 뜻은 결코 큰 곳에 있는 것이 아니라 자신이 있는 곳부터 시작해 자신만의 성과로 자리를 잡습니다.

　일생을 바쳐야 하는 큰 뜻은 칭찬할 일이지만, 큰 뜻을 품었다면 일상에서부터 펼쳐야 합니다. 그것이 보잘것없더라도 품은 그 순간만은 최고이자 최선을 다해야 합니다. 취미로 꽃을 키운다면 굳이 값비싼 품종을 따지거나 새를 기를 때 희귀한 종이어야 할 이유는 없죠. 하지만 취미더라도 그 일에 온 정신을 모은다면 취미 이상의 즐거움을 누릴 수 있습니다.

"식물을 기르는 걸 좋아한다. 화분 식물의 종류도 여러 가지지만 나는 개인적으로 풀보다 나무가 더 좋다. 나무에도 여러 종류가 있지만, 그중에서 석류를 가장 좋아한다. 석류에 관해 많이 알고, 재배 경험도 풍부해서 누구보다 품질 좋은 석류를 기르고 있다."

사소한 것으로 우쭐대느냐며 빈정대는 사람도 있겠지만, 그 분야에서 최고가 되려는 큰 뜻을 품는 사람도 있습니다. 최고가 되려고 결심했다고 해서 일인자가 되는 것은 아니지만, 석류 분재 기술에서는 남들이 부러워하는 실력자로 자리매김할 수 있습니다. 그것은 남다른 뜻을 품었기에 얻는 결과로, 큰 뜻을 세우고 그와 관련된 일에 최선을 다한다면 평범한 사람이라도 그의 삶 역시 특별해집니다.

한 사람이 지렁이의 생식 작용을 연구해 전문가들의 연구에 큰 도움을 주었다는 신문기사를 보았습니다. 매우 흥미로운 사례로, 지렁이에 마음을 쏟아, 그 결과 생물학자들에게 도움을 주었고, 학계에 공헌했다고 합니다.

다만 당부합니다. 터무니없이 범위를 넓게 잡고 최고가 되겠다고 욕심내기보다, 한정되고 좁은 범위 내에서 뜻을 세운

후에 그 분야에서 최선을 다해야 합니다. 그러면 어느 순간 모두가 우러르는, 남다른 인재가 되어 있는 자신과 마주할 것입니다.

무엇이라도 좋습니다. 일평생 오이를 재배해도 좋고, 의자를 만들어도 좋고, 음식을 만들어도 좋습니다. 무엇이든 그 분야에서 최고가 되는 순간 그 사람은 남다른 행복을 느낄 것입니다. 그뿐이겠습니까. 세상에 많은 공적을 남길 것입니다. 각자 자신이 좋아하는 분야에서 최고가 되려는 마음가짐으로 임해야 합니다. 그 순간 자신이 가진 최고의 역량과 재능이 발휘될 것이며, 자신도 모르게 그 일이 세상에 이바지할 것입니다.

삶에 마음이 깃들게 하라

•
•

"사물을 접할 때는 너그러운 마음으로 대하라."

중국 송나라의 시인 겸 화가인 황산곡의 시 구절로, 마음을 따뜻하게 유지하고 살아야 한다는 의미입니다.

저마다 타고난 성정이 다르고 처한 환경도 다릅니다. 그 다양한 성정과 환경의 사람들이 어울리고, 당연히 그들의 생각과 언행도 천차만별일 수밖에 없습니다. 따라서 성현이 아닌이상, 생각과 언행만으로 그가 어떤 사람인지 예상하고 꿰뚫어 보는 것은 불가능하죠.

한 사람의 일시적인 생각이나 언행이 그 사람의 본모습인양 퍼트리고 비판하는 것은 부당합니다. 옳은 것을 옳다 하고, 옳지 않은 것을 옳지 않다고 지적하는 것까지 비난할 생각은 없지만, 감정이 가는 대로 좋은 것을 나쁘게 하거나 악의적으로 공격하는 것은 용납될 수 없습니다.

누군가가 옳은 것을 잘못이라고 말하고, 잘못을 옳다고 한다면 어떨까요? 타고난 성정이 어긋나 있는 예도 있습니다. 성정은 그렇지 않은데 사람들에게 인정받지 못해 비뚤어진 이들도 있죠. 불평불만만 가득한 말과 소문에 연연할 이유는 없습니다. 이는 들먹일 가치도 없습니다. 단연코 배척해야 합니다. "남을 험담하면 그 말이 자신에게 돌아온다"라는 말은 굳이 언급할 필요가 없을 것입니다.

이미 굳어진 성격이나 버릇은 어쩔 수 없지만, 누구나 자신이 온화하고 따뜻한 사람이길 바랍니다. 남에게 도움 되는 사람이기를 바라지, 남들을 해코지하려 이 세상에 태어난 것이 아니죠.

나팔꽃 새싹이 돋기 시작했습니다. 이 싹에 적당량의 물을 주고, 좋은 비료를 주고, 벌레가 끼지 않도록 돌보는 것은 선한 마음입니다. 이에 비해 보기 흉하다며 그 싹을 뽑고, 잎을 뜯고, 줄기를 비트는 것은 혐오스러운 짓입니다.

소나 말, 개, 돼지와 같은 가축도 사랑으로 사육하고 성장시키는 것은 선한 마음에서 비롯합니다. 풀과 나무, 동물뿐 아니라 일상에서 흔히 보는 책상, 그릇, 소품, 심지어 총과 칼 한 자루에도 선하고 악한 마음은 존재합니다.

뽕나무로 책상을 만들었다고 해봅시다. 처음에는 담황색이었던 책상이 매일같이 만지고 닦는 사이에 뽕나무 특유의 광택이 우러나면서 아름다움이 두드러집니다. 도자기의 경우, 손으로 정성껏 빚어 저온에서 서서히 구우면 처음에는 표면이 거칠고 투박합니다. 그러나 곁에 두고 애정으로 매만지다 보면 어느새 표면이 매끄러워지면서 특유의 불쾌감도 사라집니다.

옻나무로 만든 제품 역시 가까이 두고 자주 사용하다 보면 옻나무 특유의 역한 냄새가 사라지고 고풍스러운 색감을 띱니다. 검도 마찬가지입니다. 손질할수록 날에 녹이 슬지 않고 예리함도 유지됩니다. 이에 비해 값비싸게 산 책상이라도 한 번도 닦지 않거나, 표면을 칼로 긁고 구멍을 뚫거나, 오물이 묻어도 내버려두거나, 충격을 주어 다리를 부러뜨리는 것은 모두 어긋난 마음가짐에서 비롯합니다.

이런 예는 그 사람의 마음가짐을 무심결에 행동으로 보여준 것과 다름없습니다. 아름다운 것과 쓰임이 있는 것에는 선한 마음이 깃들어야 합니다. 일부로 흠을 찾거나 비난해서는 안 됩니다. 마음이 선한 사람은 키우는 꽃마다 늘 아름답게 피어나고, 새의 울음소리가 명랑하며, 가축을 방목해도 살찌고, 기물과 집기는 세월이 흐를수록 아름다움과 품위를 더합니다. 이에 반해 마음이 악한 사람의 경우 아무리 잘 자라는 꽃도 시들고, 새소리도 들리지 않고, 좋은 먹이를 주어도 가축은 말라갑니다.

어떻게 살아야 할까

•
•

　자신도 모르는 사이에 불쾌하고 혐오스러운 행동을 일삼는 이들이 있습니다. 타고난 기질도 무시할 수 없지만, 대부분은 어린 시절의 가정교육이 잘못된 탓입니다. 그 때문에 어떤 큰일이 생길지는 알 수 없지만, 당사자의 삶은 물론 주변 사람들도 불행해집니다.

　비뚤어진 성정이 자랑인 양 즐기는 이들도 있죠. 이들은 남이 애써 그린 그림에 일부러 덧칠하거나 누구나 귀하게 여기는 것을 훼손하기도 합니다. 그런데도 그런 행동을 뽐내듯이 득의양양하게 허세를 부리죠. 이와 같은 행동은 어리석음의 극치라고밖에 표현할 길이 없습니다. 이런 짓은 자신에게 아무런 이득도 되지 않을뿐더러 남들에게 상처를 주고 세상을 해롭게 할 뿐입니다. 그들 때문에 얼마나 많은 사람이 피해를 보았나요.

어떤 일을 시작할 때 그 일이 불량하거나 흉악하다면 즉시 중단시키겠지만, 그렇지 않다면 뜻을 세우고 실현하도록 도와야 합니다. 그것이 누구나 기대하는 선한 마음입니다. 이에 비해 내게 아무런 도움도 되지 않으면서 이를 짓밟거나 실패하기를 바라는 것은 마음이 올바르지 않아서입니다. 화려한 언변과 과격한 웅변으로 남을 농락하고 비정상적인 행위를 일삼는 이들이 늘어나는 현실이 안타깝기만 합니다.

얼마 전의 일이었습니다. 짐을 잔뜩 실은 수레가 경사가 급한 언덕길에 멈춰 있었습니다. 수레를 끄는 사람은 나이 들어 보였고, 울퉁불퉁한 노면 때문에 수레를 끄고 언덕을 오르기가 힘들었습니다. 그때 언덕길 아래에서 올라오던 두 명의 학생 중 한 명이 곧바로 다가와 수레를 밀어주었고, 그제야 수레는 천천히 움직이기 시작했습니다.

그런데 남아 있던 한 학생이 "그럴 시간 없어"라고 소리치자 수레를 밀던 학생이 수레에서 손을 떼고 달려갔습니다. 순간 뒤에서 밀던 힘을 잃은 수레가 언덕 아래로 미끄러져 내려가기 시작했습니다. 다행히 그곳을 지나가던 두 사람이 서둘러 수레를 잡은 덕분에 큰 사고로 이어지지 않았고, 수레를 끌던 사람도 무사했습니다.

당시 나는 언덕 위에서 이 상황을 지켜보다가 가슴을 쓸어내렸습니다. 이런 일은 현실에서 얼마든지 일어납니다. 한 학생은 측은한 마음에 수레를 밀어주었을 테죠. 이 행동에는 선한 마음만 있을 뿐, 그 어떤 불량함도 끼어 있지 않습니다. 이에 비해 다른 학생은 수레를 밀어주던 친구를 보채, 수레를 밀어주던 친구의 선한 마음마저 어긋나게 했고, 자칫 큰 사고로 이어질 뻔했습니다.

이를 목격한 나는 그 일을 떠올릴 때마다 걱정이 앞섭니다. 우리 역시 무의식중에 그와 같은 말과 행동을 하기 때문입니다. 자신은 물론 남에게도 불행을 몰고 다니는 것은 아닌지.

동물과 식물, 기물을 함부로 해치거나 파손해서는 안 된다는 것은 누구나 알고 있습니다. 사람은 어떤 행동을 하더라도 선한 마음이 깃들어야 마땅합니다.

과학을 옹호하는 사람이라면 종교에 매달리는 것을 비웃을 테고, 종교를 신봉하는 사람은 과학만 따지는 사람을 나무랄 것입니다. 그러나 사람의 성정은 매우 다양하고 살아가는 환경 또한 다양합니다. 그가 몹시 불량하고 흉악하지만 않다면 적어도 그의 생각과 행동을 비난하지 말아야 합니다. 자기 의견을 강요하거나 상대의 말을 들으려 하지 않는다고 그를 외면하지 말고, 성정이 뒤틀린 인생과 잘못된 환경으로 인해 자신도 모르게 자란 불신과 불만을 들여다봐야 합니다.

　사람의 성정은 다양하고 환경 또한 매우 다릅니다. 그러나 성정과 환경에 따른 인생의 결과는 따르고 싶은 인생과 혐오하거나 손가락질을 받는 인생으로 나뉩니다. 늘 남을 의식하며 살 수는 없겠지만, 최소한 스스로 옳다고 믿던 그 생각과 행동이 다른 사람에게 어떻게 비칠지 늘 유념해야 합니다.

배움에 한계를 두지 마라

무엇을 가르치고 배워야 할까

∙
∙

궁술을 배우려면 표적이 있어야 하고, 배를 움직일 때도 닿을 곳이 있어야 합니다. 진로를 결정할 때도 목표가 있어야 하고, 배우고 몸과 마음을 다스릴 때도 목표가 있어야 하죠. 보통의 교육, 즉 개개인이 업적을 세우는 데 근본이 되는 교육에도 목표가 있어야 합니다. 그에 따라 배우고 익히는 사람에게도 목표가 절실합니다. 목표 없이 배운 궁술에서는 보람을 느끼지 못하고, 배는 표류해서 목표한 곳에 도달하지 못합니다.

사람으로 태어나 목표 없이 사는 것은 밥만 축내는 인생에 불과합니다. 가르치는 사람이 목표가 없고 학생이 무엇을 목표로 삼아야 할지 모르면, 그들의 책 읽는 소리는 귀찮게 맴

도는 파리나 모깃소리처럼 들리고, 공부하지만 몸과 마음만 지치게 할 뿐입니다.

오늘날 교육은 앞선 세기와는 비교할 수 없을 정도로 발전했고, 교육환경도 좋아졌습니다. 선하면서 아름답고, 정밀하고 세세함이 예전과 비교해 상상도 하지 못할 정도로 진보했습니다. 교육이 지적 능력을 키우는 데만 편중되어 있지도 않고, 도덕 교육이 빠진 것도 아니며, 체육과 음악 등 예체능교육을 소홀히 하지도 않는다.

교육가가 교육 방침을 충분히 연구하고, 관련 설비를 완벽하게 갖추고자 노력했기 때문에 결과적으로 모든 것이 제대로 갖춰졌습니다. 이것이 오늘날의 교육환경이지만, 좋은 환경을 갖추고도 정작 무엇을 위해 어떻게 배우고 가르쳐야 하는지 명확하게 알려주지는 못합니다.

배우고 익히려는 사람에게

●
●

　배우는 사람이 목표로 삼아야 할 것은 네 가지입니다. 겨우 네 가지뿐이냐 하겠지만 이것으로 배우고 익혀야 할 이유는 충분합니다.

　네 가지 목표 중 첫 번째는 올바름이고, 두 번째는 원대한 꿈, 세 번째는 정밀함, 네 번째는 정밀함의 깊이입니다. 이 네 가지 목표는 학문을 갈고닦아 자신을 키우고, 사회적으로 인정받으며, 업적을 세우고, 덕을 쌓으며 살고자 하는 사람들에게 전하는 말입니다.

　이 목표들은 눈에 담고 마음속 깊이 새겨 넣어 반드시 지켜야 하는 사항입니다. 때때로 예상하지 못한 작은 차질도 있겠지만 이 네 가지를 목표로 삼아 나아간다면 마침내 뜻한 바를 이룰 것입니다.

이 네 가지는 낡고 고리타분하게 들립니다. 이를 모르는 사람이 어디 있느냐며 반론을 제기하겠죠. 실제로 이 네 가지는 전혀 새로울 것 없는 가르침이지만, 이보다 적절한 것은 없습니다. 낯익다는 이유로 이를 배척하고 낯설다는 이유로 받아들이지 않는 것은 경박한 행위일 뿐입니다.

해와 달의 찬란한 빛은 그 영원함으로 모두를 들뜨게 하고, 우뚝 솟은 산과 강의 물결은 그 존재감으로 모두를 기대게 합니다. 변함없는 건재함으로 모두가 의지하는 대상이 되고, 누구나 실제로 일어나는 일과는 관계없이 그 존재 자체를 믿고 따르죠.

신뢰하는 존재는 영원의 시간을 거쳐야 발견하고 찾을 수 있습니다. 쉽게 찾아지는 존재가 아닙니다. 습기로 인해 독균이 번식하고, 썩은 나무에서 냉염이 타오르듯, 금세 타오르고 금세 죽을 것만 같은 불안정한 존재야말로 진부하지 않다는 허무맹랑한 말은 더는 언급할 가치가 없습니다. 어쩌면 낯설고 새로운 것으로 이목을 끄는 행위가 환영받을 수도 있겠지만 이는 무익한 행동일 뿐입니다.

올바른 진실, 큰 꿈을 향해 나아가는 위대함, 뜻한 곳에 몰두하는 정진, 그 안에 깊이 파고드는 것이 아무리 진부하더라도 결코 거부해서는 안 됩니다. 해와 달이 오래되었더라도 아침저녁으로 늘 새롭고, 산천이 오래되었더라도 봄과 가을마다 영롱한 빛깔을 뽐내는 것처럼, 3 곱하기 3은 9이며, 2 곱하기 5는 10인 것처럼 늘 한결같고 신기할 것 없는 것일지라도, 이것들은 모두 오래되었으나 날마다 새롭고, 편하지만 의지할 수 있는 특별함이 있습니다.

마음을 바로 세웠는가

•
•

'올바름'은 중심이자 진실입니다. 한쪽에 치우치거나, 그 때문에 부정을 저지르지 않으며, 남을 속이지 않는 자세를 말합니다. 배움에 임해 경쟁에서 이기려는 욕구가 강한 것은 나쁜 일이 아니지만, 경쟁에서 이기려는 욕심이 앞설수록 중심을 잃기 쉽습니다.

남들이 모르는 것을 혼자 알고, 남들이 생각하지도 못한 것을 헤아리며, 남들은 절대로 하지 않는 것을 하려다가 올바른 길에서 벗어나 나쁜 길로 빠지기도 합니다. 올바른 길에서 멀어질수록 훗날 엄청난 손실만 초래할 뿐입니다.

한쪽으로 치우친 주장에 빠져 관련된 책을 읽는 것도, 터무니없이 해괴한 말을 믿고 따르는 것도 모두 올바른 길을 벗어나는 행위입니다. 흔하고 평범한 일은 모두 재미없다고 여기고, 괴기하고 신기한 일은 재미있는 것이라는 생각 역시 옳지 않습니다.

음식의 기본은 밥을 짓는 것부터 시작됩니다. 밥을 지을 때는 설익거나 질어서도 안 되는데, 이런 기본도 없으면서 다짜고짜 고급 음식을 요리한다고 해서 그것이 맛있을까요? 그런데도 진귀한 음식만을 바라고 요리하려 합니다. 가정식이 몸에 얼마나 이로운지 알고 있으면서.

학문도 마찬가지입니다. 단순해 보이지만 학문의 길에도 큰 문이 있고, 정도가 있습니다. 스승은 이를 제자에게 가르치고, 세상은 이 가르침을 다음 세대에 전해 그들에게 모범이 될 의무가 있습니다. 그런데도 개인적인 생각만 고집하고 얕은 지식에 의존해 올바르지 못한 길을 선택하는 사람의 결과는 굳이 말하지 않아도 알 것입니다.

요즘 들어 이기는 데만 몰두한 나머지 얕은 계략을 즐기고, 전 세대가 지나왔던 길을 거부한 채 좁은 돌밭 길로 애써 가려는 경향이 강합니다. 기존에 물들지 않으려는 기상은 기특하더라도 중심을 잃었다는 점은 결코 기뻐할 수 없습니다.

배움이 어느 정도 궤도에 오른 뒤 남다른 길을 간다면 누가 탓하겠습니까. 물론 자신은 옳은 길이겠지만, 그 생각이 정말 올바른지 다시 한번 확인했어야 합니다. 읽은 책에만 빠져들어 얕고 편중된 지식에 머무르면서도 이를 자랑인 양 내세우고, 과격하고 얄팍한 소문들에 마음을 빼앗겨 좁은 길로 내달리는 것은 위험천만합니다.

배우고 깨우치는 동안

●
●

"소설가가 되고 싶다. 그런데 다른 공부 때문에 꿈을 빼앗기는 것 같고, 굳이 이런 과목까지 배워야 하는지 싶다."

"수학이나 법 같은 건 잘 모르지만, 다양한 물건들을 수집하고 있다. 그중에는 남들이 참 별나다 하는 것도 있다. 언젠가 이것들을 모아 사람들한테 자랑할 계획이다. 그러니까 수학이나 법 같은 건 배울 생각이 없다."

단순히 취미를 즐기는 것처럼 보이면서도 괴짜로 보이는, 그 분야의 전문가라도 된 듯한 이들입니다. 이와는 다른 부류도 있습니다. 이들은 큰 꿈보다는 현실에 만족합니다.

"큰 욕심 없이 졸업한 후에 생계유지가 가능한 선에서 벌고, 약간의 저축만 가능하다면 만족한다."

"부모님 덕에 집과 재산을 물려받아 생활하기에 불편하지 않다. 이대로가 편하다."

이들을 나무랄 생각은 없습니다. 남다른 길을 찾거나, 마음에 드는 것에 몰두해 수집하는 것도, 가진 재산을 마음껏 누리는 것도 저마다의 취향입니다. 마음의 문을 닫거나 남을 해코지하는 것보다는 낫습니다. 그러나 널리 배우고 익혀야 할 시기에 나중에라도 얼마든지 할 수 있는 일 때문에 당장 배워야 할 것들을 내팽개치거나 자신을 크게 키울 의지가 없는 것은 옳지 못합니다.

무분별하게 큰 야망과 야심을 좇으라는 것도, 좋아하는 일을 포기하라는 말이 아닙니다. 기본을 튼튼히 쌓고 익힌 뒤라도 늦지 않습니다.

굳이 힘들고 어려운 공부에 매달려야 하느냐며 반문하기도 합니다. 그 시간에 자기가 좋아하는 것을 하는 게 낫다고 주장하죠. 하지만 넓게 배우고 익혀야 할 때가 있고, 이를 기초로 깊이 파고들 때가 있습니다. 더구나 배움에 임했다면 넓게 익혀야 할 때입니다. 자기 능력의 한계치를 높게 잡고, 의지를 다지며, 그 폭을 넓히고 쌓아 자신을 크게 키우는 데 힘써도 절대 늦지 않습니다.

일고여덟 살 때는 들 수 없던 돌멩이도 몸집이 커지면 쉽게 들어 올립니다. 일고여덟 살 때의 내가 열다섯이나 스무 살의 나를 이기지 못하는 것은 자연스럽습니다. 현재의 내가 장년이 된 나의 통찰력을 따라잡을 수 없는 것 또한 당연합니다. 그렇다면 미래의 자신을 미리 정해놓기보다 지금은 당면한 일에 최선을 다하며 배우고 익히는 편이 낫지 않을까요.

배움은 우리가 작아지길 바라지 않습니다. 오히려 배움으로써 더 커지고 내실은 더 튼튼해집니다. 좋아하는 일을 하더라도 그것을 더 키우기 위해 지금은 단단하고 견고하게 뿌리를 내려야 할 때입니다. 꿈은 나를 키우는 힘이지만, 그것을 온전히 이어가는 힘은 편협함을 버리는 데 있습니다. 두루 배우고 익히는 동안 정말 하고 싶은 일의 가치와 무엇을 위해 어떻게 살아야 하는지 방향도 보입니다.

그러므로 높고 크게 되길 원하고 그만한 큰 인물이 되기 바란다면 결코 오늘을 헛되이 하지 말아야 합니다. 배움으로써 큰 사람이 되고, 배우지 않으면 영원히 작아집니다. 절대로 스스로 한계를 정하거나 자신을 작게 여겨서는 안 됩니다.

'원대한 꿈'에는 많은 의미가 함축되어 있습니다. 오늘날 지식은 교류와 공유로 서로 뒤엉켜 있습니다. 이럴 때일수록 그 꿈을 더 넓히기 위해 힘써야 합니다. 눈을 크게 뜨고, 담력을 키워야 합니다. 높은 봉우리에서 드넓은 세상을 내려다보는 기백이 있어야 합니다. 손바닥 안을 보듯 세상의 흐름을 아우르는 기상을 품어야 합니다. 편협한 소문들에 눈이 멀어 있을 때가 아닙니다.

지금은 충분히 배우고 익히기에 가장 좋을 때입니다.

뜻은 크되 행동은 치밀하게

·
·
·

　정밀함의 반대말은 거칠고 조잡함입니다. 물건의 짜임새가 치밀하지 못하고, 세밀함이 부족하며, 계획에 빈틈이 많을 때 이를 흔히 거칠고 조잡하다고 말합니다. 도정하지 않아 거친 쌀이 이에 해당합니다. 이와 달리 품질이 좋고 치밀하며 충분한 도정 과정을 거친 것, 쌀겨를 투명할 정도로 깨끗이 도정해 품질이 우수하고 밥맛 또한 좋은 것은 곧 정밀함입니다. 이처럼 모든 계획과 과정에 어긋남과 빈틈이 없는 것을 정밀하다고 부릅니다.

　의자를 사려는 사람은 모양이 만족스럽고 오래 쓸 제품을 기대합니다. 이때 세심하고 정밀하게 만든 제품이 있다면 당장이라도 사고 싶어 합니다.

세심한 주의를 기울여 고르고 고른 재료이며, 건조하거나 습기가 많은 날을 대비해 제작했기 때문에 뒤틀리거나 쪼그라드는 현상도 없을 테고, 처음부터 앉는 구조와 사람의 체형을 연구해 만들면 사소한 충격이나 충돌 따위로 부러지거나 모서리가 어긋나는 일도 없을 것입니다. 그뿐일까요. 허술하거나 취약하지 않기 때문에 손상될 일도 적으며, 외관도 잘 다듬어 오랫동안 만족감을 줄 것입니다. 그만큼 사용 기간과 보존 기간도 길어지겠죠. 이와 마찬가지로, 정성 들여 재배한 쌀이라면 값어치도 상당할 것입니다.

이에 비해 거칠고 조잡하게 만든 의자를 산 사람은 그 의자에 앉을 때마다 불만스럽고 불쾌합니다. 산 지 얼마 되지도 않았는데 여기저기 칠이 벗겨지거나 금이 생기기 시작하다가 곧 폐기물이 되고 말 것입니다. 재료의 질부터 구조와 짜임새까지 형편없으며, 잘 다듬어지지 않은 뒤처리에, 애정을 갖고 사용할 마음이 들지 않습니다. 충동적으로 산 것이라며 그런 자신을 탓하면서, 나중에는 그 제품을 파는 곳 근처도 가지 않을 것입니다.

누구나 금방 파손될 물건은 꺼립니다. 쌀도 마찬가지입니다. 도정이 제대로 되지 않아 거친 쌀은 이물질이 많아서 먹을 수 없는 곡물보다 못합니다. 배우고 익히는 것 역시 정밀과 거침으로 나뉘는데, 정밀함을 따르고 존중하는 것이 옳은 길입니다. 조잡하고 소홀히 여기는 행동은 멈춰야 합니다.

의자나 쌀은 한눈에 보여 정밀하거나 거친 흔적을 금방 알아채지만 배움에 임할 때는 의견이 엇갈리기도 합니다. 위인들의 인생을 들여다보면, 때때로 정성을 들이지 않은 채 배우고 익힌 것처럼 보입니다. 이를 구실로 삼아 무책임한 말을 떠벌리기도 합니다. 이 같은 주장은 오해에서 비롯된 것으로, 결코 사실이 아닙니다.

배움에 임할 때는 정밀함이 방해된다고 지적하곤 합니다. 어구 하나하나에 매달리는 것은 그럴 가치가 없다고 나무랍니다. 물론 단어의 의미보다 전체 맥락을 살피는 것이 우선이지만, 옛사람들도 그랬다는 식으로 구실을 삼아, 뜻을 높이 품으려면 사소한 것은 무시해도 된다는 주장은 잘못된 생각입니다.

단어에만 집착해 전체를 잃는 것은 아둔해 보이지만, 그 뜻을 이해하지 않았으면서 무엇으로 글을 읽어 이해하고 깨달을까요. 단어의 의미에만 몰두하는 것은 옳지 않습니다. 하지만 문자로 글을 짓고, 문장으로 뜻을 전달하는 이상, 단어의 뜻을 이해하지 않고 무슨 뜻이 통하며 무엇을 배울까요.

　책을 읽으면서 중요한 단어나 문장의 의미를 생각하는 습관이 몸에 배지 않은 사람은 다른 일에도 조잡하고 빈틈이 많아 실수를 저지르기 쉽습니다. 자신의 잦은 실수 때문에 자신에게 화가 나지 않는 사람은 세상에 없을 테죠. 실수도 습관입니다. 습관은 한번 몸에 익으면 떨쳐내기 힘듭니다. 어떤 일을 할 때 정교하거나 치밀하지 못하고 심지어 이에 연연하지 않는 것은 대범한 것이 아니라 모든 일을 건성으로 처리하는 습관 때문입니다.

　이 말에 오해가 없길 바랍니다. 작은 것에 신경쓰라는 말이 아니라, 배우고 익히려면 상황을 넓게 보되 정교함으로 그 일에 임해야 한다는 뜻입니다.

그처럼 되고 싶다면

●
●

제갈공명은 중국 삼국시대 촉나라의 재상으로, 당대는 물
론 오늘날까지 지략가의 대명사로 불립니다. 도연명은 중국
남북조시대 최고의 시인으로 평가받습니다. 학문의 정밀함과
정교함을 나무라는 이들은 이 두 사람을 내세웁니다. "독서
는 대략적인 것만 볼 뿐"이라는 제갈공명의 말과 "읽기를 좋
아하되 깊은 해석을 구하지 않는다"는 도연명의 말을 무기로
삼습니다.

도연명은 명가의 후예로 태어났지만, 일평생 술과 시를 즐
긴 풍류객이었습니다. 감성과 의지가 아무리 높다고 해도 일
반인이 그를 기준으로 삼기에는 무리가 있죠. 그가 "깊은 해
석을 구하지 않는다"라고 해서 글이나 말에 허술함과 실수가

있어도 된다는 의미가 아니며, 공부와 독서에 세심함과 정교함이 없어도 된다는 뜻이 아닙니다.

"대략적인 것만 볼 뿐"이라는 말의 진정한 의미는 '본다'에 있습니다. 제갈공명이 정말 수박 겉핥기식으로 배우고 익혔을까요? 그는 몸이 쇠약해졌을 때조차 업무에서 손을 떼지 않았고 직접 군대를 관리하고 전장에 나섰습니다. 힘들고 괴롭다며 덮어놓고 일을 처리한 인물이 아니었죠. 일에 세밀하고 꼼꼼해서 빈틈이 없었으며, 영민하고 재능이 출중하면서도 고생을 마다하지 않았습니다. 그런 그가 겉핥기로 배우고 익혔다고 생각한다면 큰 오산입니다.

책을 읽을 때 지엽적인 사실에 매달려 전체 맥락과 핵심을 놓치는 경우가 있습니다. 그래서 대략만 보고도 전체 흐름을 파악한 제갈공명과 도원명을 언급하며, 정교하지 않아도 된다고 말합니다. 그러나 그 말로 스스로 자신의 잘못을 드러내고 말았습니다. 글을 읽을 때 깊고 자세히 알려고 하지 않는 자신을 증명한 꼴입니다.

특히 현대인의 경우 바쁘다는 핑계로 열중해야 할 때조차 조급하게 서두르는 경향이 있습니다. 세상의 속도에 맞추려 어쩔 수 없다면 그런 현실을 나무라지 않겠습니다. 그러나 이를 게으름과 혼동해서는 안 됩니다.

정성과 치밀함이 깃들지 않은 화살이 과연 사정거리가 길고 명중률까지 높을까요? 아무리 이름난 사수라도 그런 화살로는 표적을 명중시키지 못합니다. 배우고 익히는 것 역시 마찬가지입니다. 정성을 들이지 않으면서 올바른 길에 이르기를 바랄 수 없습니다.

"하나를 보면 열을 안다"라는 교훈처럼, 배우고 익히는 사람이 정성을 다하지 않는 것은 그 사람이 보고 하는 모든 일도 대충 한다는 것을 방증합니다. 언제 어디서나 같은 실수와 실패를 반복할 뿐입니다. 이와 달리 정성을 들여 그 일에 임하고 최선을 다한다면 자신도 모르는 사이에 다양한 지식을 익히고 다른 분야도 이해할 것입니다. 실수하거나 실패하는 횟수도 자연스럽게 줄어듭니다.

마이클 패러데이가 전기분해 법칙을 알아낸 것이나 아이작 뉴튼이 만유인력의 법칙을 발견한 것을 우연의 산물로 치부하기도 합니다. 하지만 현상을 남들과 다르게 보는 눈, 세밀하고 정밀한 연구가 뒷받침되었기에 그와 같은 성과를 거두었습니다. 그들이 그 분야에 정교함을, 모든 현상을 소홀히 여기지 않았기에 그처럼 세계적인 법칙을 발견하고 찾아낸 것입니다. 뉴튼이 만유인력의 법칙을 알아낸 것은 우연이 아니라 끊임없이 생각하고 고심한 끝에 떨어지는 사과에서 힌트를 얻은 것뿐입니다.

절대 빠뜨리지 말아야 할 것

•
•
•

　배우고 익히는 사람이 목표로 삼아야 할 세 가지를 알아보았습니다. 그 첫 번째는 올바름, 두 번째는 원대한 꿈, 세 번째는 정밀함입니다. 이제 네 번째인 정밀함의 깊이를 살펴볼 때입니다.

　깊이는 원대한 꿈과 다른 듯 보이지만, 이 또한 배움에 임할 때 매우 중요한 목표 가운데 하나입니다. 큰 것만 추구한 채 깊이를 소홀히 하면 천박해집니다. 정교함에만 힘쓰고 깊이를 등한시하면 정체되어 융통성을 잃어버립니다. 마찬가지로 올바름에만 힘쓰고 깊이를 경솔하게 여기면 새로운 세계로 다가설 수 없습니다. 우물을 깊이 파지 않으면 물이 샘솟지 않듯, 깊이 배우고 익히지 않으면 성과를 낼 수 없습니다.

편협하고 고루한 것은 병이고, 넓게 배웠으나 생각이 얕은 것 또한 병입니다. 안타깝게도 크기만 얻으려는 이들일수록 그 깊이 역시 얕은 경향이 있습니다.

사람의 힘은 한계가 있고, 배움은 광활한 바다와 같아 모든 분야에서 특출할 수 없습니다. 그러므로 깊이를 추구한다면 반드시 그에 걸맞은 한계를 정해야 합니다. 모든 분야에서 깊이를 추구하고 모든 힘을 쏟아붓는다면 초능력자가 아닌 이상 몸과 마음이 버틸 리 만무합니다. 이 때문에 깊이는 모든 분야가 아닌 자신이 선택한 분야에서 힘써야 합니다. 분별없이 이것저것 들쑤시는 것은 광기에 지나지 않습니다.

사람마다 타고난 재능과 자질이 다르고 저마다 후함과 박함이 있습니다. 그래도 한 곳에 뜻을 두었다면 그 뜻을 잃지 말고 주저함 없이 나아가야 합니다. 힘쓰지 않으면서 우물에서 물을 긷기는 힘듭니다. 배움 역시 그렇습니다. 그 깊이를 모를 만큼 파고 또 파고들어야 합니다.

타고난 재능이 부족해 우물을 팔 수 없다면 처음부터 큰 우물을 파기보다 작은 우물을 깊게 파야 합니다. 처음부터 배우고자 하는 범위를 넓게 잡을 것이 아니라, 작게 쪼개 한 분야부터 집중하는 것이 좋습니다.

타고난 재능이 부족하고 자질이 없더라도 한 분야를 깊게 파고 내실을 다지다 보면 마침내 뜻을 이루는 것이 세상의 이치입니다. 예를 들어 철학을 공부하려면 철학 사조를 들춰보기 전에, 한 철학자를 골라 그의 사상을 연구하다 보면 자연스럽게 철학의 깊이를 터득하게 됩니다. 회화에 뜻을 두었다면 처음부터 남다른 작품을 그리기를 바라기보다 독창적인 작품들을 깊이 있게 이해한 후라도 늦지 않습니다.

　한 가지 목표를 정하고 시작하기에 앞서 그 깊이를 파악해야 합니다. 어떤 일이나 삶이든 가슴속에 올바름, 원대한 꿈, 정밀함, 깊이를 항상 새겨야 합니다. 올바른 마음가짐으로 큰 뜻을 품고, 넓게 보는 안목으로 세상을 배우고 익히며, 그로써 내가 하고자 하는 그 일을 해야 합니다. 그것을 노력으로 심고 일궈 자기 것으로 결실을 보아야 합니다. 그것이 남들과 다른 삶의 격차를 만듭니다.

언제까지 남에게 맡길 것인가

역풍을 순풍으로 바꾸듯

•
•
•

누구나 행운이 자신에게 오기를 바라지만, 온 행운을 다스릴 줄 아는 사람은 얼마나 될까요? 남다른 삶을 살고자 기대하지만 남다른 삶을 살기 위해 무엇을 어떻게 해야 하는지 고민하는 사람은 드뭅니다. 그래서 세상에 행복한 사람보다 자신이 불행하다고 믿는 사람이 더 많습니다.

바다를 항해하는 배가 바람을 맞는 것은 자연스러운 현상입니다. 바다는 넓고 바람이 부는 것은 자연의 이치죠. 바람이 배가 가고자 하는 방향과 같을 때는 순풍이라 하며, 순풍을 만났을 때 기뻐합니다. 반면에 바람이 배가 가는 방향과 정반대로 불 때는 역풍이라 부르며, 바람이 도와주지 않는 현실을 아쉬워합니다.

일반적으로 순풍이나 역풍이 아닌 횡풍이 대부분이고, 횡풍을 만났을 때는 돛과 키로 바람을 이용합니다. 횡풍을 어떻게 이용하느냐에 따라 순풍이 되고 역풍에 휘말릴 수도 있습니다. 바람 자체가 행운과 불행을 가져오는 것이 아니며, 남풍이 북쪽으로 향하는 배에는 행운이 되고 남행하는 배에는 불운이 됩니다. 순풍으로 기뻐할 때 누군가는 그 바람으로 고생합니다. 운이 없다고 짐작한 바람이 머지않아 행운으로 바뀌고, 그 반대의 경우도 흔합니다.

　행운이거나 불운이라고 생각한 것도 모두 같은 바람입니다. 순풍을 탄 배는 운이 좋거나 북풍을 맞은 배는 운이 나빴기 때문에 그런 것도 아닙니다. 행운과 불행은 기대와 계획대로 되는 것이 아닙니다. 그렇다고 우연이라고 부를 수는 없습니다. 바람은 행운이나 불행으로 가늠할 수 없고, 순풍이 역풍으로 바뀐다고 해도 같은 바람이었습니다. 바람을 운명이라고 부르는 것은 성급하고 작위적인 결정일 뿐이죠.

　바람의 방향을 예측하기 힘들겠지만, 배를 띄우기 전에 풍속과 풍향을 살폈고, 유리한 바람이라고 예측해 바다로 나가지 않았는가요. 충분히 계산하고 나섰으므로 운명이라고 단정 짓는 것은 핑계에 불과합니다.

풍족할수록 아끼는 삶

•
•

살면서 만나는 것들은 매우 다양합니다. 이때 세상이라는 바다에서 운 좋게 좋은 곳에 이르거나, 권세를 누리고, 부를 얻은 사람을 '복이 많다'라고 합니다. 복을 많다는 것은 흔히 부나 지위의 풍족함을 의미합니다.

누구나 부유하기를 바라지만 부 자체가 일생의 가장 큰 기쁨은 아니며, 무조건 부를 바라는 마음 역시 결코 권장할 일이 아닙니다. 이 세상에는 부유하게 사는 인생보다 몇 곱절 더 훌륭하고 존경받는 삶이 있으니까요.

터무니없는 공상이나 폭력적인 수단이 아니라면 부유하게 살려는 마음을 비난하고 싶지는 않습니다. 하지만 그에 빠져 부자가 되려는 조급함에 미신에 매달리거나 뜬소문을 좇는 경우가 적지 않습니다. 부유하고 싶은 마음을 비난하거나 배척할 수는 없지만, 애쓰고 고생하며 얻으려는 것이 무엇인지 살펴본다면 자신이 정말 찾아야 할 것 역시 눈에 보이겠죠.

예부터 훌륭한 군주들은 덕을 세우고, 다음으로 공을 세우고, 말씀을 세운다고 했습니다. 그들은 길흉과 화복을 대수롭지 않게 여겼습니다. 행여 현재의 이익에 연연할까 봐 스스로 경계했으며, 잘못된 길로 들어설까 두려워했습니다. 이에 반해 우리는 일상에서 겪는 일들을 부와 가난으로 단순화합니다.

옳고 그름을 말하면 완고하고 속 좁아 보이고, 노력과 의지를 언급하면 낡고 고루하게 받아들입니다. 이전과 달리 합리적이고 이성적인 지금, 오히려 막연함과 헛된 상상을 당연하게 받아들이는 것은 왜일까요?

행복과 불행은 순풍과 역풍과 마찬가지로 당사자의 주관적인 판단에 따른 것이므로 뚜렷한 기준이 없습니다. 그런데도 세상 사람들은 행복과 불행은 정해져 있다고 말합니다.

우연한 계기로 복을 누리는 사람이나 가만히 있어도 복이 넘치는 사람과 박복한 사람을 살펴보세요. 그들에게는 미묘한 차이점이 있습니다. 우연이나 우연이 아니더라도 복을 누리는 이들은 하나같이 자신에게 온 복을 아낄 줄 압니다. 반면에 박복하고 운이 없는 이들은 대부분 복을 아끼는 것과는 거리가 멀죠. 복을 아끼고 소중히 여기는 사람만 무조건 복을 불러온다고 할 수는 없지만, 횡풍을 순풍으로 바꾸듯 복을 아끼는 것과 잘되는 운명은 관계가 깊습니다.

복을 아낀다는 것은 무슨 뜻일까요? 그것은 내게 온 좋은 운을 한꺼번에 허비하지 않는다는 뜻입니다. 지금 수중에 상당한 돈을 가지고 있다고 가정했을 때, 그 돈을 계획 없이 허비하는 것은 훗날을 고려하지 않기 때문입니다. 급히 써야 하거나 반드시 해야 할 곳 외에는 미루는 마음가짐, 낭비하지 않는 노력이 가진 복을 아끼는 최선입니다.

몇 송이를 남겨 두는 마음

●
●

부모님에게서 선물로 받은 새 옷이 내가 원하는 스타일이라면? 그 옷을 당장 입고 싶어, 이전에 입던 옷은 빨지도 않고 옷장 속에 처박아 둔 채 새 옷만 입고 다니겠죠. 그 탓에 새 옷은 금방 해지고 옷장에 처박아 둔 옷을 다시 꺼내 입으려니 좀이 슬어 도저히 입을 수 없습니다. 이 역시 복을 아낄 줄 모르기 때문입니다.

부모님께 감사하며 새 옷을 함부로 다루지 않고, 예전 옷을 평상복으로 입으며, 새 옷은 특별한 날에 입으면 새 옷과 예전 옷 모두 오랜 기간 번갈아 입을 수 있습니다. 이런 이치는 옷에만 머물지 않습니다.

열매가 풍성하고 꽃이 만개했을 때는 볼품 있고 수확하는 기쁨도 맛봅니다. 이것은 복을 아끼는 것이 아닙니다. 스무 송이 꽃이 피었다면 그중 몇 송이는 남겨 놓는 것이 복을 아끼는 자세입니다. 그렇게 해야 내년에도 다시 꽃이 피고 풍성한 열매가 달리기 때문입니다.

"행운은 한 사람의 일생 일곱 번 찾아온다"라는 말이 있습니다. 누구든 살다 보면 뜻하지 않은 기회가 올 때가 있죠. 그때 기회를 무분별하게 낭비하는 것은 들어온 행운을 오히려 내쫓는 짓입니다.

장남이라는 이유만으로 부모에게서 상속받은 유산을 혼자 독차지한다면? 형제자매나 친척에게 한 푼도 나누어주지 않는다면 인색하고 매정하다는 말만 돌아옵니다. 장남으로서는 분명 자신에게 온 행운입니다. 하지만 그 돈을 혼자 움켜쥐는 것은 욕심입니다. 그 때문에 인심과 사람을 잃는다면 오히려 더 큰 행운을 놓치는 것과 다르지 않습니다.

지금 당장 급하게 큰돈이 필요한데 빌릴 곳이 마땅치 않아 난처한가요? 이때 생판 모르는 사람이 여러분의 신용을 높이 평가해 무담보 무이자로 그 돈을 빌려준다고 해봅시다. 어느 누가 거절할까요. 그러나 그것은 온전한 행운과는 거리가 멉니다. 돈을 빌려주겠다고 해도 그중 일부만 빌리거나, 담보를 제공하거나, 정당한 이자를 지급하는 것이 정당하며, 그래야 여러분에게 온 행운을 온전히 챙길 수 있습니다.

눈앞의 행운에만 몰두하면 정작 더 큰 기회를 눈치채지 못합니다. 더구나 아무리 좋은 행운도 이유 없이 저절로 오지 않습니다. 그 때문에 더더욱 자신에게 온 행운과 기회를 아껴야 합니다. 지금 당장 큰돈을 만지지만, 나중을 대비해서 약간의 여유를 남겨 두어야 합니다.

이것은 절약이나 인색과는 근본적으로 다릅니다. 꼭 필요한 곳에만 쓰기 위해 지금은 일부를 포기하는 절약과 지나치게 움켜쥐고 놓지 않는 인색과는 전혀 다릅니다. 지금 당장 혼자만 취하거나 함부로 다루지 않고 나중을 위해 아끼고 쌓아 두는 것이 여러분에게 온 행운과 기회를 키우는 지름길입니다. 그것이 또 다른 행운과 기회를 불러옵니다.

부러워 따라 하고 싶겠지만

-
-

　부호로 불리는 이들은 늘 일반 사람들에게 부러움의 대상입니다. 그런데 유심히 보면 그들은 자신에게 온 기회를 아낄줄 압니다. 그들이 자신에게 온 기회와 행운을 어떻게 다루는지도 알게 됩니다. 이에 비해 재능과 역량은 충분한데도 실패를 거듭하는 이들을 보세요. 그들은 하나같이 자신에게 온 기회를 낭비하기에만 급급합니다.

　일본 전국시대, 도쿠가와 이에야스는 도요토미 히데요시에비해 기략은 한두 수 아래였지만 자신에게 온 기회를 다루는데는 몇 배나 뛰어났습니다. 대저택에서 온갖 호사를 누리던도요토미 히데요시와 달리 그는 한 번 쓴 종이도 함부로 버리지 않았고, 그렇게 모은 막대한 자금을 후손에게 남겼으며,

도쿠가와씨라는 씨족을 창시하기까지 했습니다.

도요토미 히데요시를 비롯해 당시 영주들은 모두 전장에서의 활약상은 뛰어났으나 행운을 아낄 줄 모른 채 당장 이익에 매몰되었습니다. 결국 가계가 궁핍하고 쇠퇴해지면서 가문이 기울었고 재산마저 잃고 영지를 빼앗기는 등 고개를 들지 못하는 지경까지 이른 사람이 많았습니다. 이에 비해 때를 기다리며 현실을 참고 견뎠고, 그래서 당장 이익에 연연하지 않았던 도쿠가와 이에야스는 역사의 주인공이 되었습니다.

이런 사례는 이후에도 이어집니다. 미츠이 가문은 일본의 개방이 본격화했던 시대에 은행, 무역, 광업 등에 진출하며 세력을 넓혔고, 스미토모 가문은 구리 제련 사업을 발판으로 대기업으로 성장했습니다. 이 두 기업이 오랜 세월 부유한 가문으로 이어온 데는 진취적인 경영 스타일과 시대적인 배경도 무시할 수 없습니다. 하지만 현재의 복이 다하기 전에 새로운 복을 찾아 나섰고, 세대를 거듭해 이어온 이런 노력이 없었다면 큰 기업으로 성장하지 못했을 것입니다.

값비싼 음식을 먹고, 유흥가를 돌아다니며, 돈다발을 뿌리는 모습이 부럽고 호탕하게 보일 수도 있습니다. 하지만 그같은 행동은 오랫동안 수감되었다가 출소한 전과자가 서둘러

유흥에 빠지는 것과 다르지 않습니다. 화려한 세상에 취해 이성을 잃은 것으로밖에 보이지 않는, 아둔한 짓입니다.

마음의 그릇이 작고 급한 사람일수록 여유가 없다는 핑계를 둘러댑니다. 자신에게 온 행운과 기회를 소중히 여기지 않는 그들과 달리 행운과 기회를 소중하게 여기는 사람은 마음의 그릇이 크고 관대합니다. 이제 막 출소한 사람이 눈앞에 있는 음식과 술에 손이 가는 것은 누구나 피할 수 없는 본성이지만, 그에 취해 자숙하는 마음마저 잃는다면 수감되어 있느니만 못한 결과를 초래합니다.

자신에게 온 행운과 기회를 아낄 줄 아는 사람은 이미 복이 넘치는 사람입니다. 이런 사람이 다른 사람의 행운과 기회까지 자기 것으로 끌어안는 것은 당연한 이치입니다.

뜻을 알고 찾아오는 새처럼

•
•

살다 보면 우연히 행운을 만나지만, 그것을 제대로 활용하지 못한 채 한순간 어이없이 무너지는 경우를 흔히 봅니다. 갓 출소한 사람이 눈앞의 화려함에 빠져드는 것처럼, 굶주린 개가 고기를 보자마자 달려들듯, 행운과 기회를 만나면 그것이 당장 없어질 것처럼 허둥대기에 급급합니다. 남은 한 방울까지 남김없이 허비한 채 그런 행운이 다시 오기를 바라는 것은 어리석기 그지없습니다. 하물며 일평생 많아야 겨우 일곱 번만 온다는 행운을.

새는 자신을 사랑하고 아끼는 집의 마당에 모이고, 잡초는 잡초를 남기는 집의 마당에 무성하게 자라나듯, 행운과 기회는 그것을 아끼는 사람에게 다시 돌아가는 법입니다.

누구나 행운이 자신에게 오기를 바라지만, 정작 그중에서 온 행운을 다스릴 줄 아는 사람은 얼마나 될까요? 금방 출소한 사람처럼 행동할 이들이 대부분일 것입니다. 남다른 삶을 살고자 기대하지만 남다른 삶을 살기 위해 무엇을 어떻게 해야 하는지 고민하는 사람은 드뭅니다. 그래서 세상에 행복한 사람이 적은 것도 이해가 갈 수밖에 없습니다. 이는 개인에게만 국한된 문제가 아닙니다.

귀중한 해양생물을 무분별하게 포획해 해달, 물개의 개체수가 심각할 정도로 감소했습니다. 가진 복을 아끼지 않고, 지키려 노력하지도 않았기 때문에 이런 결과에 이르고 말았죠. 쌍끌이를 비롯한 저인망 어업을 고집한 탓에 유럽, 특히 영국에서 해양생물이 심각하게 줄어들었고, 결국 다른 나라에 저인망 어선을 매각해야만 했습니다.

산림도 마찬가지입니다. 무분별한 남벌로 인한 결과는 참혹했습니다. 산림을 남벌하면서 울창하던 숲이 민둥산이 되었고, 수원은 고갈되고, 토지는 오염되었으며, 지반이 약해져 폭우가 쏟아지면 산사태와 홍수가 일어나기 일쑤입니다. 기업과 국가는 벌목으로 돈을 벌겠지만, 이를 보존하고 지키는 데 투자했다면 산림은 초목으로 우거졌겠죠. 그로써 얻는 이익은 벌목으로 버는 것과 비교할 수 없습니다.

　당장 물고기를 잡으면 풍족하게 먹겠지만, 이를 아끼고 보호함으로써 오랫동안 그 풍요로움을 누리는 것과는 천지 차이입니다. 해양과 산림을 지키기 위한 다양한 법, 그 일에 종사하는 이들의 인식의 전환, 당장보다 후대를 생각하는 마음가짐이 더 큰 풍요를 불러옵니다.

그가 우리에게 말하는 것

．
．
．

　지휘관이 자신의 지략과 병사들의 용맹함에 의지해 군사력으로 도발을 일삼는다면 그 부대는 감당할 수 없는 패배에 직면합니다. 자만한 탓에 그 충격 역시 오래갑니다. 군대가 강하고 용맹한 것은 큰 복이지만, 그 복을 아끼려 노력하지 않는 것은 결과적으로 무력을 더럽힙니다.

　흔히 나폴레옹을 역사적인 인물로 떠올립니다. 누구나 인정하듯 그는 전쟁의 영웅이자 군사 및 정치적 천재로까지 칭송받았죠. 오스트리아와 러시아군을 꺾는 등 그가 이끄는 프랑스군은 유럽 최고의 군대로 이름을 떨쳤습니다. 하지만 자신의 지략과 자신이 이끄는 막강한 군대에만 의지했던 탓에 러시아원정을 비롯해 원정 전쟁을 일삼았고, 그 결과 그는 섬에 유배되어 쓸쓸하게 죽음을 맞이했습니다.

일본의 경우 한때 육해군의 정예화를 추진해 세계 강국들을 위협했지만, 이 역시 수산물을 남획하고 산림을 무분별하게 벌목하듯 몰락하고 말았습니다.

뛰어난 지휘관과 충직한 병사들도 그 숫자에는 한계가 있습니다. 돈과 곡식, 배와 말 역시 무한하지 않습니다. 하물며 군대와 같은 강한 정신은 빵을 굽듯이 찍어낼 수 없습니다. 군대의 규모와 용맹함은 당장 전장에서 이길 것을 궁리하기보다 만일을 대비해 아끼고 더욱 강하게 추슬러야 합니다.

가진 자원을 남김없이 쓰고 이를 자랑하고 싶겠지만 그것이 끼칠 폐해를 잊지 말아야 합니다. 그래서 개인과 함께 집단과 사회, 국가의 법과 장기적인 안목이 절실합니다.

그렇다면 왜 자신에게 온 행운과 기회를 아끼는 사람은 또 다른 행운과 기회가 연달아 오고, 그렇지 않은 사람은 좋은 기회임에도 불구하고 불행할까요? 이를 당연하게 받아들이고 인정할 뿐, 그에 대한 명확한 증거를 제시하지는 못합니다. 그러나 한 가지는 확실하게 말할 수 있습니다. 주어진 복을 아끼는 사람일수록 주변 사람들부터 신뢰를 받고, 복을 아끼지 않는 사람은 주변 사람들로부터 미움을 받거나 증오의 대상이 됩니다. 복을 아끼는 사람에게는 행운이 자주 찾아오고, 복을 아끼지 않는 사람에게는 불운만 밀려온다는 것은 당연한 섭리입니다.

성공한 사람은 노력을 말하고 실패하는 사람은 운명을 탓하는 것도 이와 다르지 않습니다.

언제까지 운이 없다고 탓할 것입니까?

언제까지 내 삶을 남한테 맡길 것입니까?

운을 부르는 것은 사람이다

•
•

　부모님으로부터 새 옷을 선물 받은 경우도 그렇습니다. 복을 아끼는 사람이었다면 부모님이 주신 선물을 아껴 입을 테고, 부모님은 '내가 준 선물을 소중히 여기다니' 하며 무척 흡족할 것입니다. 반면에 새 옷을 험하게 입고 예전 옷은 옷장에 처박아 둔 것을 보았다면 아무리 너그러운 부모라도 화가 치밀게 마련이죠.

　누구나 감정에 의해 움직이는 존재라서 만족스러울 때는 언제든 새 옷을 사주지만, 조금이라도 기분이 상했을 때는 다시는 새 옷을 사주고 싶지 않을 것입니다. 부모였으니 그나마 다행으로 여겨야 할 정도입니다.

　돈을 빌릴 때도 마찬가지입니다. 남에게 돈을 빌릴 때 이자를 정하고 담보를 제공하거나 혹은 빌려야 할 액수보다 적은 액수를 청한다면 채권자는 그런 상대를 믿고 돈을 빌려줄 마음이 생깁니다. 그렇게 믿음을 쌓는다면 훗날 다시 돈을 빌리기가 수월해지겠죠. 반면에 신뢰를 잃으면 주변 사람들조차 꺼리고, 빌려야 할 돈보다 많은 담보를 설정해야 하는 등 융통하기가 힘들어집니다.

　여기에서 알 수 있습니다. 아무리 소소한 일조차 보이지 않는 힘이 존재하고, 그 힘이 삶을 좌우합니다. 눈에 보이지 않는다고 존재하지 않는 것이 아닙니다. 모든 일에는 당연히 그럴 것이라고 여기는 원칙과 이치가 있고, 누구나 그에 영향을 받으며 살고 있습니다.

　그것이 어느 순간 어떻게 작용할지 아무도 알 수 없습니다. 그것이 먼 나라의 일이 아니라 지금 내 앞에 놓였을 때야 그것이 삶에 얼마나 중요한지 깨닫습니다. 행운과 기회는 우연히 오지만 그것을 눈치채고 끌어안는 것은 여러분 자신이며, 그것을 더 큰 행운과 기회로 만드는 것도 여러분 자신의 몫입니다.

　특히 그것을 아끼고 소중하게 여기는 사람일수록 기대하지 않던 행운까지 덩달아 누리고, 이를 우습게 여기는 사람은 들어온 복마저 줄어들고 그조차 불행으로 바뀔 우려가 큽니다.
단 한 번뿐인 인생이라고 자신을 내몰지 말기를 바라고 바랍
니다.

흐르는 강에 술을 붓는 뜻

아끼는 것과 나누는 것

●
●

우리는 지금까지 운명이라는 것, 운명이 아닌 나로 살아가는 삶을 살펴보았으며, 이를 위해 배움의 중요성을 이야기했습니다. 남이 아닌 나로 살아야 한다고도 했습니다. 그리고 지금, 가진 것을 함께 나누는 가치를, 그로써 우리는 얼마나 더 행복해지는지 살펴보겠습니다.

복을 아끼는 것이 중요하듯 복을 나누는 것 역시 간과할 수 없습니다. 이 중 복을 아끼는 것은 자신에게 국한되어 소극적이라면, 자신에게 온 행운과 복을 다른 사람과 나누는 것은 그들의 삶에 영향을 끼치므로 적극적인 면을 띱니다. 물론 자신에게 온 행운과 복을 아끼는 것은 소극적이고 행운과 복을 함께 나누는 것은 적극적이라고 단정할 수는 없죠. 하지만 이

둘은 상대적인 양상을 띱니다.

나눈다는 것은 자신이 얻은 것을 쪼개어 남에게 양보하고 그들과 공유하는 것입니다. 운 좋게 큰 수박을 얻었다고 해봅시다. 수박을 그 자리에서 다 먹는 대신 나중을 위해 일부를 남겨 두는 것을 아낀다고 말합니다. 남겨 둔 수박을 가까운 이들에게 양보해 함께 즐기는 것은 나눔입니다. 연구하고 노력해야 행운과 기회가 오며, 굳이 노력하지 않아도 자연스럽게 복이 찾아오는 것과 달리, 자신이 누리는 일부를 쪼개 다른 사람에게 양보함으로써 자신과 똑같은 행복과 즐거움을 느끼게 하는 것이 나눔입니다.

아끼는 것과 나누는 것은 다릅니다. 내 것을 아끼는 것이 자기 자신을 억제하는 행위라면, 나눔은 다른 사람과 함께 공유하는 것입니다. 따라서 내가 가진 행운과 기회 등을 아끼는 것은 소극적인 태도이고, 그것을 나누는 것은 적극적입니다.

아끼는 것은 자신의 행복을 처음부터 충분히 확보하기보다 일정 부분을 나중을 위해 비축하고 남겨 두는 것이라면, 나눔은 현재의 행복을 남에게도 양보하고 그 행복을 함께 즐기는 것입니다.

자신에게 주어진 행복을 온전히 누리지 못하고, 결과적으로 자신의 이익이 줄어든다는 점에서 이 둘은 비슷해 보입니다. 그러나 행운과 기회를 아끼는 사람에게 더 큰 행운과 기회가 찾아오는 것이 개인적인 즐거움이라면, 자신이 가진 행복을 남에게 나누어줌으로써 함께 누리는 것은 모두를 위한 행복으로 이어집니다. 이는 선한 일로 사회를 이롭게 하는 이들에게서 흔하게 보입니다.

세상에는 남보다 좋은 복을 타고났으나 남에게 나누어주기를 아까워하는 사람이 있습니다. 이들은 근심은 남에게 떠넘기면서 좋은 일은 혼자 독차지하려 합니다. "화장실에서 만두 먹는다"라는 말을 들어본 적 있는가요? 누가 봐도 비열하고 옹졸한 행동을 즐기면서 당사자는 그것이 세상을 사는 지혜라고 자랑합니다.

자신에게 온 행운과 기회를 남들과 나누기보다 혼자 누리는 편이 훨씬 이득이 됩니다. 나누지 않으면 내 몫이 그만큼 커지기 때문이죠. 더불어 살아야 하는 세상에서 내 것만 챙긴다면 그처럼 속 좁고 인색한 인생이 있을까요. 물론 불행을 혼자 누리고 싶다면 말리고 싶지 않습니다.

여기에 좋은 술 한 병이 있습니다. 이 술을 나누어 마시기가 아까운 사람은 혼자 마시다가 인사불성이 되겠지만, 친한 이들과 함께 나누어 마시면 기분 좋게 취기만 느낄 뿐입니다. 나누어주지 않는 것은 독점하는 것과 같습니다. 더구나 평소 주량보다 과했음에도 불구하고 악착같이 마시는 것은 자신에게 온 행운과 기회를 허비한 셈입니다. 반대로 혼자 마시기에 양이 많아 함께 마신 것뿐이라 해도 그것은 나눔으로써 모두가 행복을 누리는 결과로 이어집니다.

사람을 사람답다고 말할 때

•
•
•

행운과 기회는 늘 오지 않습니다. 그래서 그것을 서둘러 움켜쥐고 빨리 쓰고 싶어 합니다. 그것을 어떻게 다루고 아껴 씀으로써 어떤 결과가 생기는지는, 그렇지 않은 사람이 얼마나 비열하고 천한지는 앞에서 다루었습니다. 지금 막 출소한 사람처럼 허둥대고 물욕에 빠지는 행동은 슬프고 불쌍하기만 합니다.

나누기 싫어하는 인색한 마음은 먹이를 두고 다투는 것과 다르지 않습니다. 이럴 때 사람도 동물일 뿐이라는 생물학자의 말을 절로 나옵니다. 개들이 먹이를 양보하지 않는 것은 본능이라고 하지만, 지능을 가진 사람이 사람답기를 포기한 채 짐승 같은 본성을 드러내는 것은 한심스럽고 부끄러운 일입니다. 사람 역시 달리거나 날아다니는 짐승들과 크게 다르지 않더라도 고상하고 지적인 감성, 즉 넘치는 인정과 의로움을 겸비한 숭고함이 있어야 합니다.

욕망을 억제하고 남에게 양보하는 것은 사람으로서 갖춰야 할 마땅한 도리입니다. 부족해도 여유를 갖고, 채워지지 않아도 인내하고 감수하는 것은 짐승에게는 없는 사람만의 특권입니다. 이 같은 마음과 깨우침이 있어야 비로소 사람답지 않을까요. 그렇지 않다면 무엇으로 사람과 짐승을 나눌까요.

나 혼자 취하기에 모자라도 그 맛을 가까운 이들과 함께 나누고, 고기가 배를 채우기에 부족하더라도 양보하는 마음이야말로 사람이 먹이 앞에서 허둥대는 개가 아님을 증명합니다. 그것은 새로운 행운과 기회를 얻는 지름길이며, 사람으로서 고귀한 정신을 보여주는 증거입니다. 이와 같은 고귀한 정신을 행동으로 옮겼을 때 당사자에게는 큰 기쁨을 주고, 받은 사람에게는 나눔의 고귀함을 우러나게 합니다. 나눔으로써 사회는 선해지고 모두가 행복을 누립니다.

한 병의 술과 얼마 남지 않은 고기를 나누는 것과 나누지 않는 것은 사소해 보입니다. 그러나 한 병만 있는 좋은 술과 혼자 먹기에도 부족한 고기를 나누어 먹은 사람은 나누어준 사람에 대한 감사함과 호의를 절대 잊지 않습니다. 충동적이거나 사소하지 않은 이 마음은 훗날 모두에게 큰 영향을 미치며, 나누어준 사람에게 다시 돌아갈 것입니다. 이 마음은 크고 깊습니다.

위인전에는 공통점이 있습니다. 그들이 상황에 대처하는 능력이 매우 뛰어났다는 것과 함께 직급이나 계급에 상관없이 자신이 누리는 행복을 남들에게 나누어주었고 인정을 베풀었다는 점입니다. 반면에 아둔한 지도자일수록 포학하며, 그가 거느린 이들에게는 늘 배신이 도사리고 있음을.

함께 행복해지는 길

•
•

한 지휘관이 가지고 있는 술의 양이 병사들보다 턱없이 부족해지자, 술을 모두 강에 부어 병사들과 함께 그 강물을 떠서 마셨습니다. 이는 극단적인 행동이기는 하지만 나눔의 가치를 잘 보여줍니다. 강에 술을 부었다고 그 흘러가는 강물에서 술맛이 날 리 만무합니다. 그래도 혼자 독차지하지 않고 나누는 것은 자애와 덕이 넘치는 행동입니다.

이것이야말로 진정한 나눔이 아니고 무엇일까요. 물론 흘러가는 강물에 술을 부은 탓에 술맛이 날 리 없지만, 그곳에 있던 병사들이라면 누구나 지휘관의 마음과 지혜로움을 읽었을 것입니다.

부하를 생각하고 아낄수록 그의 밑에는 그 은혜에 보답하기 위해 목숨 바치거나 일을 완수하려는 이들로 넘치기 마련입니다. 사람을 통솔하는 위치에 있다면 나눔의 의미를 되새기고 잊지 말아야 합니다. 새가 튼튼한 가지에 둥지를 틀 듯 누구나 자애로운 사람에게 기댑니다.

자애로움을 표현할 길은 두 가지입니다. 하나는 남의 근심을 함께 고민하며 짊어지는 것이고, 다른 하나는 남을 위해 내가 누리는 성공과 행복을 나누어주는 것입니다.

나누는 마음은 봄바람의 평온함과 봄볕의 따스함을 닮았습니다. 진심으로 행복을 나눈다면, 아무리 사소하고 부족할지라도 그것을 받은 사람은 나누어준 사람이 더없이 고맙고 감사합니다.

흔히 만물을 성장시키는 힘은 여름날의 남풍이 봄바람보다 낫고, 봄볕이 따뜻하지만 온기를 불어넣는 능력은 여름날의 태양이 낫다고 말합니다. 봄바람이 여름의 남풍보다 약하고, 봄의 햇살이 언 땅을 녹일 수는 없습니다. 그러나 봄바람에 절로 새로운 활기가 솟고, 여름날의 태양보다 덜하지만 봄 햇살로 기온이 오르고 있음을 실감합니다. 이렇듯 함께 나누고 싶은 마음이 있다면 그의 곁은 늘 온화하고 화복해 모두가 가까이하고 싶겠죠. 아끼면서도 나눌 줄 안다면 그는 이미 축복

받은 사람입니다.

　안타깝게도 세상을 들여다보면 아낄 줄 아는 사람은 나누지 않으려 하고, 나눌 줄 아는 사람은 아끼지 못합니다. 가진 것을 아낄 줄 모르면 다른 사람에게 사랑과 존중을 받을 만한 인물이 되지 못하고, 남에게 인색한 사람은 믿을 만한 그릇이 되지 못합니다. 아끼지 않으면 박복해지며, 나누지 않으면 다른 사람에게서 그 어떤 도움도 얻지 못한 채 쓸쓸히 살아야 합니다.

　장사로 얻은 이익을 늘 종업원들과 함께 나누어 가졌다면 종업원들은 상점의 수익을 자신의 이익으로 여겨, 더 많은 수익을 내기 위해 더 열심히 일할 것입니다. 이와 달리 내 호주머니만 불리는 데 급급할 뿐 종업원에게는 아무것도 나누어 주지 않으면 종업원들은 상점의 수익이 어떻든 급여만큼만 일합니다.

우리는 홀로 설 수 없다

●
●

　사회에는 계약이나 권리, 의무, 관념이나 법률 또는 도덕을
비롯해 갖가지 연결고리가 존재합니다. 이 때문에 인색한 사
람이라도 갑작스레 불이익을 겪는 경우는 드뭅니다. 하지만
그들이 의지하는 것은 자신의 손과 발뿐으로, 남들과 어울려
함께 행복을 누릴 일은 거의 없습니다.

　힘은 많은 사람이 한데 모였을 때 가장 세고, 많은 사람이
쌓은 지혜를 활용하는 것보다 더 큰 지혜는 없습니다. 산과
들의 새와 짐승을 잡기에는 한 사람의 힘만으로는 부족합니
다. 이처럼 성공하고자 할 때 나만의 계획과 노동력만으로는
턱없이 부족합니다.

　얻으려 한다면 다른 사람에게 자신이 가진 행운과 기회를

나누어야 합니다. 누가 혼자 독식하려는 사람과 함께 어울리고 싶을까요.

큰일을 하기에 앞서 내가 가진 성공과 행복을 같이 하려는 사람들에게 나누어줌으로써 그들을 내 곁에 두고, 그들의 힘에 도움을 받아 더 큰 성공과 행복을 내 것으로 삼아야 합니다. 이와 같은 이유로 자기 것만 챙긴 채 나눌 줄 모르는 사람은 아무리 큰 행운과 복을 타고났다고 해도 결코 그 행운을 이어갈 수 없습니다.

자신이 가진 행운과 기회를 아낄 줄 아는 사람이 그렇지 않은 사람보다 더 많은 행운과 기회를 누린다는 것은 당연합니다. 이는 역사적으로도 증명된 사실로, 굳이 멀리까지 가지 않아도 주변에 흔합니다.

누구나 충분히 예상합니다. 평소 나눌 줄 아는 사람에게 아직 행운과 기회가 오지 않았더라도 그에게 언젠가는 남다른 행운과 기회가 온다는 것을. 특히 그가 아직 사회적으로 자신이 뜻한 것을 이루지 못했어도 아끼는 자세를 잃지 않는다면 반드시 행운과 기회가 밀려오리라는 것을. 그래서 그와 함께 하고 그를 응원합니다.

종업원이나 관계자 혹은 거래처에 자신이 가진 것을 나누어주겠다는 마음과 실천을 아끼지 않는다면 베푼 덕은 그들을 통해 행운으로 돌아오는 것이 세상의 이치입니다. 자신이 받은 만큼, 아니 베푼 사람에게 그보다 훨씬 많이 돌려주려는 것이 사람의 마음이죠. 그래서 베풀수록 큰 행운으로 돌아온다는 말은 진리입니다.

소작농, 비료상, 종묘상에게 항상 베풀려는 마음을 보여줄 때 소작농은 정성을 다해 논밭을 일구고, 비료상은 조악한 품질을 공급하지 않으며, 종묘상 역시 좋은 종자와 모종을 공급하기 때문에 수확량이 늘어나고, 서로가 서로에게 베푼 만큼 그 결실은 남다릅니다.

세상은 시계추와 같습니다. 시계추가 오른쪽으로 움직이면 그 반동으로 다시 왼쪽으로 움직이고, 추가 왼쪽으로 움직이면 그 반동으로 다시 오른쪽으로 움직이면서 일련의 동작을 끊임없이 반복합니다. "천지를 지배하는 신은 원상태로 되돌리기를 즐긴다"라는 말이 있듯이, 내가 먼저 복을 나누어주면 남들도 내게 복을 나누어줍니다.

지금과 같은 세상에서 누가 그렇게 복을 아끼고 나눌까요? 혼자 끌어안기에도 모자란 세상이라고 하겠지요. 그래도 내가 가진 것을 아끼며, 그것을 기꺼이 나누어주어야 합니다.

그것이 지금까지 홀로 버티며 현실을 원망하기에 급급한 내가 아닌, 행복을 누리는 다음 인생의 시작입니다.

애쓴 만큼 누리고 싶겠지만

•
•

　누구나 복이 넘치는 사람을 부러워합니다. 하지만 이보다
훨씬 부러워해야 할 것은 알지 못합니다. 자신이 가진 것을
아낄 줄 알아야 한다고 말하지만, 그보다 훨씬 가치 있는 것
은 알지 못합니다. 자신의 행복을 함께 나누어야 한다는 것은
잘 알지만, 그보다 먼저 해야 할 것이 있다는 사실은 깨닫지
못합니다. 복 있는 사람은 부러운 대상이지만, 하늘을 향해
쏜 화살이 언젠가 그 힘을 잃고 땅으로 추락하는 것처럼 언젠
가 그 복도 힘을 잃고 맙니다.

　아낄 줄 아는 것은 화로 안에 있는 숯불을 밖으로 꺼내지
않는 것과 같습니다. 그것이 숯을 아끼기 위해 계산된 행동이
었더라도 새로운 숯을 화로 안에 보급해주지 않는 이상 숯불

은 꺼지고 맙니다.

잘 익은 과일을 사람들과 함께 나누어 먹으면 그동안 그 과일을 맺기 위해 들여왔던 공과 노력보다 먹는 시간은 짧아 허망해집니다. 혼자 먹을 때와 달리 공복감도 밀려옵니다. 남들이 기뻐하고 나도 기쁘면 좋은 일이겠지만, 그 기쁨을 혼자 누리고 싶은 것이 사람의 본성입니다.

그래서 자신이 누리는 성공과 행복을 더 크게 키우는 지혜가 절실해집니다. 저마다 지닌 힘과 지혜, 성실함으로 함께 누리는 더 큰 성공과 행복을 만들어야 합니다. 개인이나 이웃, 주변 사람들과 누리는 것이 아니라 세상 사람들 모두가 누리도록 키우는 것으로, 이는 상식이 있는 사람이라면 존중받아 마땅합니다.

사과나무를 심는 사람

-
-

사과나무 한 그루를 심었다고 해봅시다. 그 사과나무에 해마다 꽃이 피고 열매가 열려 달콤한 사과를 얻을 때마다 남다른 행복을 느낄 것입니다. 그 행복을 소유하는 것은 나만이 누리는 복입니다. 다 자라지 않은 작은 사과는 건드리지 않고 다 익은 사과만 수확하며, 나무가 튼튼하고 건강하게 자라도록 수시로 비료를 주는 것은 그 복을 아끼는 것입니다. 마찬가지로 풍성하게 열린 열매를 친척이나 지인들과 함께 나누어 먹었다면 이는 나눔의 가치를 아는 것입니다. 아끼고 나누는 것은 선택과 행동이 뒤따릅니다.

이제 절실한 한 가지가 남았습니다. 그것은 모두를 위한 행복을 키우고 모두가 함께 누리는 삶을 만드는 것입니다.

이는 사과나무의 종자 중 튼실한 것을 골라 이를 다른 곳에 심고 마침내 성목으로 키우는 행위와 같습니다. 뿐만 아니라 병든 가지에 건강한 가지를 접지해서 좋은 과일이 열리도록 하고, 병충해로 말라가는 나무를 보살펴 다시 소생시키는 것 역시 모두를 위한 행복입니다. 만물이 생장하는 작용을 돕거나, 사람과 가축의 행복과 이익을 증진하는 모든 활동이 이와 다르지 않습니다.

한 그루의 사과나무라고 얕보지 마세요. 사과나무 한 그루에서 수십 개의 열매를 맺고, 그 한 개의 열매로 수십 그루의 나무가 자랍니다. 열매와 나무는 서로 번갈아 순환하며 무한 성장과 생산을 반복하는 거대한 생명체입니다. 한 그루의 나무를 심는 행위는 작고 하찮게 보일 것입니다. 하지만 그 안에 깃들어 있는 미래는 영원하고 무한합니다. 나무를 심고 키우는 행위의 결과는 신념과 이어져 있으며, 한마음으로 바라는 선한 행동이 미래에 얼마나 큰 열매를 맺을지는 아무도 모릅니다.

한 그루의 사과나무는 서리와 거센 바람을 견디고 버텨내며 무에서 유를 창조하듯 땅의 물과 햇볕을 흡수해 달콤한 과일을 맺습니다. 과일이 열리면 그것이 사과나무의 주인이거나 그의 친인척 혹은 친구든 과일을 맛보고, 널리 판매하면서 조물주가 인류에게 안겨주는 축복과 은혜를 누리며, 행복을 만끽할 것입니다.

한 그루의 나무를 심고 정성 들여 성장시키는 일은 사소해 보이지만, 자신이나 남에게도 행복한 이익을 안겨주는 시작입니다. 이는 나와 모두의 행복을 심고 키운다고 해도 틀린 말은 아닙니다.

이런 노력으로 세상이 얼마나 발전하고 행복해질지는 가늠할 수 없습니다. 그러나 여러분은 알고 있습니다. 이런 의지와 노력이 없었다면 인류는 수천 년 전부터 오늘날까지 맹수나 무리 지어 숲을 오르내리는 원숭이와 다르지 않았을 것입니다. 사회를 조직하는 능력을 지녔더라도 모두를 생각하는 마음이 없었다면 벌이나 개미처럼 단순한 노동의 반복에서 벗어나지 못했을 것입니다.

다행히 인류는 수천 년 전부터 전해 내려온, 모두가 함께 나누는 마음을 잃지 않았고 이를 실천해왔습니다. 그 덕분에 세대가 바뀔 때마다 문명과 지성은 더욱 높아졌고, 선조들의 굳센 정신으로 이룬 인류의 권리는 무엇보다 막강해졌습니다. 지식을 축적함으로써 인류의 편리성은 세상의 그 무엇보

다 압도적이며, 경험을 거듭함에 따라 더욱 체계적이며 정교
한 사회 조직을 갖추었습니다.

씨앗이 숲을 이루듯

·
·

　이를 한눈에 알 수 있는 분야가 농업입니다. 땅을 일구고, 그 땅에 씨를 뿌리고, 모종을 심는 노고가 없었다면 잡초만 무성한 땅에 불과했을 것입니다. 이는 복을 가져다주는 신이 농민의 몸을 빌려 애쓴다고 해도 과언이 아닐 만큼 고된 작업입니다. 공업이나 상업도 다르지 않습니다. 이와 같은 직업에 종사하는 사람은 자신의 미래의 행복은 물론 모든 사람의 행복을 키우는 원천입니다.

　세상에 행복해지기를 바라는 사람은 많지만 실제로 행복한 사람은 드뭅니다. 행복한 사람 중에서 자신이 누리는 행복을 아껴야 한다고 생각하는 사람도 드뭅니다. 자신에게 온 행운과 기회를 아껴 써야 하는 것은 알지만 그것을 함께 나누어야 한다는 사실을 아는 사람은 드뭅니다. 자신이 누리는 것을 나누어야 한다는 것은 알지만 그것을 모두를 위해 심고 가꿔야 한다는 사람도 드물죠. 하지만 여러분은 알고 있습니다. 가을에 쌀을 얻으려면 이른 봄에 모를 심어야 하고, 포도를 맛보려면 포도 묘목을 심어야 한다는 것을.

이 같은 이치로 행복해지려면 행복을 심는 것은 당연합니다. 그런데도 많은 이들이 행복해지기를 바라면서도 그토록 원한 행복을 심고 가꾸는 데는 어리석고, 반성하는 모습조차 보이지 않습니다.

나무 심기로 돌아갑시다. 열매라는 풍요로운 결과를 누리고, 이를 주변 사람들과 세상에 베풀었다고 해서 거기서 끝이 아닙니다. 그 나무에서 씨를 받아 다시 나무를 심는 것은 반복적으로 열매를 맺어 해마다 새로운 이익을 내고, 이는 모든 이들을 행복하게 합니다. 한번 심은 행복은 멈춤 없이 시시각각 성장하고 착실하게 뻗어 나가기 때문에 자신도 모르는 사이에 풍요로운 결과로 이어집니다.

하늘에 닿을 만큼 우뚝 솟아 있는 삼나무와 소나무를 볼 때가 있습니다. 이 나무들도 처음에는 작은 씨앗에서 시작했을 것입니다. 보세요. 지금은 저렇게 늠름하게 성장하지 않았는가요. 아무리 사소한 베풂이라도 세상에 퍼졌을 때는 그 처음은 미약했으나 결과는 그처럼 창대합니다.

기꺼이 건네는 물 한 잔

•
•

목마른 사람에게 물 한 잔 건네는 것은 어린아이도 할 수 있습니다. 굶주린 사람에게 한 끼 음식을 대접하는 것은 가난한 사람도 충분히 할 수 있는 미덕입니다. 세상에는 이처럼 작고 사소한 일에 무슨 가치가 있느냐며 하찮게 여기는 이들이 많죠. 이는 잘못된 생각입니다. 한 줌도 되지 않는 작은 씨앗이 하늘에 닿을 듯한 커다란 거목으로 성장했다는 사실을 잊지 말아야 합니다.

자신이 행복해지려 자신이 가진 행운과 기회를 남에게 나누어주는 것은 결코 선하고 아름답다 할 수 없습니다. 그래도 그러지 않는 것보다는 그나마 낫습니다. 한 잔의 물, 한 끼의 식사가 목이 마르고 굶주린 사람을 얼마나 행복하게 하는지 생각해보세요.

이와 같은 행위는 기초이지만 그렇다고 결코 작은 일은 아닙니다. 굶주림과 목마름을 불쌍히 여기고 도움을 주는 것은 사람이 짐승과는 근본적으로 다르다는 것을 보여줍니다. 주변 사람들의 고달픔과 쇠약함을 노리고 그것을 먹이로 삼는 것은 짐승이 할 짓입니다. 심지어 그들은 여전히 짐승이 할 짓을 멈추지 않고 있습니다.

다른 사람의 굶주림과 목마름을 동정하거나 지나치는 것은 사소하게 보입니다. 하지만 사람은 짐승의 세계와는 다른 세상을 살고 있고, 인류가 축적한 역사는 여러분에게 무엇을 위해 어떻게 살아야 하는지 보여줍니다. 그것은 홀로 사는 것이 아니라 모두가 어울려 사는 모습이자 여러분이 나아갈 길이기도 합니다.

우리는 고대에 비해, 또는 원시시대와 비교했을 때 커다란 행복을 누리고 있습니다. 이 행복은 모두 이전 세대가 심고 가꾼 결과물입니다. 오늘날 좋은 사과를 맛보는 혜택은 누군가 예전에 좋은 사과나무를 심었기 때문입니다. 심고 가꾼 아름다운 마음 덕분이죠. 지금 편하게 즐기는 모든 것은 이전 세대의 의지와 노력이 일군 성과물입니다. 따라서 우리에게는 이전 세대에게서 누린 것만큼 후손들에게 물려주어야 할 의무와 책임이 있습니다.

진정한 문명은 전 인류가 심어 얻은 결과물입니다. 반면에 재앙은 이전 세대가 물려준 행복을 서둘러 탕진한 탓입니다. 자신이 미래에 얻을 행복과 이익을 예단하고 현재를 살 이유가 없습니다. 오늘 누리는 행복을 아끼고 나눌 줄 알며, 이를 모두가 함께 누리도록 힘써야 옳습니다.

누구나 자신이 짐승으로 전락하는 것을 절대 용서하지 않으며, 짐승이 아닌 사람으로서 행복과 희망을 심고 가꾸고 싶어 합니다. 지금 누리는 행복과 진리를 모든 이들에게 전하고, 이를 후대에 그대로 이어지도록 하는 것은 사람답게 사는 의무입니다. 각자가 덕과 지식을 쌓기 위해 노력할 때 인류는 누리는 행복을 꾸준히 이어갑니다. 이는 나무 한 그루를 심어 후세에 넘겨주는 것과는 비교할 수 없는 가치입니다.

타고난 복은 조상의 공덕에 따라 달라지므로 부러워할망정 이를 존중할 이유는 없습니다. 그러나 자신이 누리는 행운과 기회를 아낄 줄 알 때 비로소 사람다움을 이해하고, 그것을 남들과 나눌 줄 아는 사람을 존경하며, 모두를 위해 그것을 심고 가꾸는 사람에게서 살아야 할 진정한 의미를 읽습니다.

행운과 기회를 얻을 때처럼 언제든 그것을 잃을 수도 있다는 사실도 명심해야 합니다. 그래서 아끼고 나누며 모두에게 전해야 합니다. 아끼는 사람은 조금 더 오래 누리고, 함께 나누는 사람은 다른 사람에게서도 나누어 받으며, 심고 가꾸는 사람은 그 자체로도 희망이 되어 자신에게 돌아올 것입니다.

자신은 물론 모두에게도 새로운 힘이 되는 삶이어야 하지 않을까요. 새로운 삶을 키우는 원천은 남다른 의지와 노력이며, 그것을 새롭게 시작하는 이들과 함께 나누어야 진정 부유한 삶이라고 할 수 있습니다. 삶의 격차를 만드는 것은 운이 아니라 삶을 대하는 태도와 행동이며, 그 결실을 기꺼이 함께 나누는 삶이 여러분을 더욱 돋보이게 합니다.

이다의 이유

한 책의 운명은 저자보다 더 위대하다

책으로 만나는 듬직한 친구 '이다'

/

독자라는 체언을 빛내주고 가꾸며,

세상을 살아가는 데 가장 듬직한 친구로 함께하고자 합니다.

이다북스는

나무에게 미안하지 않게 책을 만들겠습니다.